대한민국의 사명 2026

발간 | 2025. 11. 17

펴낸이 한반도선진화재단
등록   2007년 5월 23일 제2007-000088호
전화   (02) 2275-8391-2
팩스   (02) 2266-2795
홈페이지 www.hansun.org

값은 표지에 있습니다.
ISBN 978 89-93093-43-8 03300

대한민국의 사명

2026

보수의 혁신

Mission for Korea 2026
Innovation of Conservatism

한반도선진화재단
Hansun Foundation

공동체자유주의 사명과 비전

　우리는 지금 무상(無常)의 시대에 살고 있습니다. 모든 것이 시시각각 변하며 한순간도 그대로 머무르지 않습니다. 첨단기술의 혁명이 삶의 방식을 송두리째 바꾸고, 기후변화와 신냉전의 파고가 국제 질서를 뒤흔들고 있습니다. 변화의 속도와 규모는 전례 없이 가파르고 거대하며, 그 방향은 한층 더 예측하기 어려워지고 있습니다. 그러나 불확실성과 분열의 그늘이 짙어질수록, 우리는 연기(緣起)의 지혜를 되새겨야 합니다. 개인과 공동체, 나와 이웃, 국가와 세계는 모두 인연으로 엮인 운명공동체입니다.

　공동체자유주의는 이러한 상호 의존의 이치를 바탕으로 태어난 시대정신입니다. 개인의 자유를 존중하면서도 공동체의 조화와 상생을 함께 추구하는 이 사상은 대한민국이 나아갈 새로운 방향을 제시합니다. 자유가 방종으로 흐르지 않도록 공동체의 연대를 북돋우고, 공동체가 전체주의로 치닫지 않도록 개인의 존엄과 창의를 지켜내는 균형의 지혜가 그 핵심입니다. 서로에게 연유된 인간이 자비(慈悲)와 책임의 정신으로 공동선을 추구할 때, 개인의 행복과 공동체의 번영이 함께 무르익게 됩니다.

대한민국은 지난 세대의 헌신을 바탕으로 건국과 산업화, 민주화와 선진화에 이르는 위대한 여정을 이뤄냈습니다. 그러나 이제 우리는 새로운 국면에 서 있습니다. 세계 최저 수준의 초저출산, 심화하는 양극화와 이념 갈등, 그리고 여전히 미완의 과제인 한반도 분단이 우리 앞길을 가로막고 있습니다. 오늘의 시대가 던지는 물음은 명확합니다. 어떻게 자유민주주의의 가치를 지키면서도 공동체의 유대를 회복하고 품격 있는 선진 통일국가의 비전을 실현할 것인가. 생전에 고(故) 박세일 교수는 공동체자유주의를 설파하며 그 해답을 제시했습니다. 자유와 공동체의 조화를 토대로 대한민국을 선진화와 통일로 이끄는 것, 그것이 모든 국민이 인간답게 살아가는 정의로운 나라를 세우는 길이라고 역설하셨습니다.

이번에 펴내는 『대한민국의 사명 2026』은 이러한 철학적 통찰을 바탕으로 우리 시대 보수가 나아가야 할 길과 국가 비전을 모색한 결과물입니다. AI 혁명과 문명사적 전환의 도전에 직면한 대한민국 보수의 현주소를 진단하고, 공동체자유주의에 입각해 보수의 재건과 혁신 방향을 제시했습니다. 정치·사회·경제 전반을 아우르는 대강(大綱)의 정책 비전은 물론, 한반도의 평화와 통일, 그리고 신국제질서에 대응하는 국가전략까지 포괄하며 혼란과 분열의 시대를 넘어 공존과 상생의 길을 천착했습니다.

『대한민국의 사명 2026』은 한반도선진화재단의 제500회 공동체자유주의 세미나를 기념하는 이정표이기도 합니다. 곧, 한선재단이 2006년부터 19년 동안 축적해 온 사유와 담론의 뼈대를 이 책에 담았습니다. 500회에 이르는 세미나의 여정은 대한민국이 걸어온 성찰과 도전의 기록이자, 자유와 공동체의 균형을 향한 지적 항로였습니다. 앞으로도 한반도선진화재단은 변화하는 시대정신과 국가 과제를 꾸준히 갱신하고 보완해 『대한민국의 사명』을 연작물로 발간하고자 합니다.

품격 있는 공동체자유주의에 기초해 보수가 자성(自省)하고 혁신할 때, 우리는 국민의 신뢰를 다시 회복하고 새롭게 도약할 수 있습니다. 변화가 일상이 된 이 격동의 시대에도 변하지 않는 국가의 사명이 있습니다. 그것은 자유롭고 정의로운 대한민국, 그리고 너그러우며 함께 잘사는 통일 대한민국을 실현하여 인류 보편의 가치를 고양하고 세계 공영에 이바지하는 일입니다.

한반도선진화재단은 국민과 함께 그 길을 밝혀가는 작은 등불이 되고자 합니다. 인간의 자유와 행복은 결코 고립된 개인의 차원에서 완성될 수 없습니다. 공동체 속에서 서로를 존중하고 협력할 때, 비로소 그 가치가 온전히 구현됩니다. 우리는 서로의 인연을 믿고 손을 맞잡고 함께 걸어야 합니다. 그 길의 끝에 정의롭고 품격 있는 선진 대한민국의 밝은 미래가 펼쳐지리라 확신합니다.

끝으로, 『대한민국의 사명 2026』이 나오기까지 여러분께서 뒷받침해 주셨습니다. 특히 필진으로 헌신해 주신 김진현 고문님, 이용환 이사님, 김영수 교수님, 조영기 사무총장님, 손용우 정책위원님 다섯 분께 경의를 표합니다. 감사합니다.

2025년 11월 20일
한반도선진화재단 이사장

박재완 올림

대한민국의 사명 2026
공동체자유주의와 보수의 혁신

21세기 인류 문명은 AI 혁명이라는 거대한 변곡점을 맞이하고 있다. 기술이 인간의 능력을 넘어서는 특이점의 시대, 인공지능은 산업과 경제, 안보의 구조를 근본적으로 바꾸고 있다. 그러나 이 문명적 진보는 도덕과 인간성의 위기를 동반하고 있으며 강대국의 탐욕과 가치의 혼돈 속에서 세계는 방향을 잃고 있다.

이러한 전환기에 대한민국이 선택해야 할 길은 외세 의존이 아닌 자강(自强)의 길이다. 자강은 자립을 넘어 과학기술의 독립과 도덕적 품격을 함께 세워 국가의 존엄과 생존을 지키는 총체적 역량의 확보이다. 산업화와 민주화를 모두 달성한 대한민국은 이제 AI 문명 전환기의 중심 국가로 도약하여, 기술과 도덕의 조화를 이룬 도덕적 선진국 모델을 제시해야 한다.

AI · 반도체 · 에너지 · 식량 · 국방 등 생존 핵심 기술의 자립은 국가 존엄의 토대이다. 첨단기술의 종속은 곧 국가의 예속을 의미한다.

그러나 기술 발전이 인간성을 훼손한다면 문명의 진보는 공허하다. 기술의 속도와 사회의 품격, 경제의 효율성과 인간의 존엄이 조화를 이룰 때, 대한민국은 세계 문명사 속에서 도덕적 리더십을 발휘할 수 있다. 진정한 자강은 기술의 축적이 아니라 인간의 품격과 사회의 도덕성을 세우는 일이며, 이것이 대한민국이 인류 문명 개벽의 길을 열어 갈 사명이다.

오늘의 보수는 산업화의 영광에 안주한 채 철학과 방향을 잃었다. 자유와 책임, 공동체의 가치가 퇴색하고 권력 중심의 정치가 국민과의 신뢰를 무너뜨렸다. 청년 세대와의 단절, 도덕성의 결여는 보수를 기득권 세력으로 전락시켰다. 보수가 다시 서기 위해서는 헌법과 법치의 가치, 도덕성과 공공성을 회복해야 한다. 과거의 성취에 머물지 않고, 새로운 시대가 요구하는 철학적 비전과 책임의 정치로 나아가야 한다. 자유와 공동체의 조화를 복원하고 도덕적 리더십을 세울 때 국민의 신뢰가 회복될 수 있다.

보수주의는 전통을 존중하되 변화를 거부하지 않는다. '지키되 고치는 것'이 보수의 본질이다. 자유는 책임과 질서 속에서 완성되고, 공동체는 강제가 아닌 자율적 협력 위에서 존립한다. 공동체자유주의는 이러한 균형의 철학 위에 서 있다. 자유가 공동체를, 공동체가 자유를 지탱하는 상보적 관계 속에서 인간의 존엄과 사회의 연대가 실현된다. 정치에서는 민본적 민주주의, 경제에서는 공정한 시장과 사회안전망, 사회에서는 정의와 예치(禮治)가 결합될 때, 품격 있는 자유사회가 완성된다.

보수의 재건은 원칙 있는 혁신과 실천적 변화에서 출발한다. 자유는 법치 속에서 품격 있게 실현되고, 책임은 자유의 내적 규율로 작동해야 한다. 창의는 국가의 생존 조건이며, 공동체는 자유의 토양이다. 정치의 품격은 절제된 언어와 도덕적 리더십에서 비롯된다. 이러한 가치 위에서 보수는 폐쇄된 권력 구조를 혁파하고, 당내 민주주의와 공천 개혁을 제도화하며 청년과 신진 인물을 적극 등용해야 한다. 동시에 시민사회와의 연대를 강화해 생활 속에서 실천되는 정치, 국민과 함께하는 보수로 거듭나야 한다. 보수의 혁신은 선언이 아니라 행동이며, 구호가 아니라 실천이다. 자유와 공동체의 조화를 행동으로 증명할 때, 국민은 다시 보수를 신뢰할 것이다.

보수 재건의 5년은 국가의 미래를 결정짓는 시기다.

단기(2025~2026년)에는 지방선거를 개혁의 출발점으로 삼아 당내 민주주의를 복원하고, 청년과 시민사회가 참여하는 새로운 인재등용 시스템을 구축해야 한다.

중기(2027~2028년)는 총선을 통해 개혁보수가 국민 신뢰를 회복하는 결정적 시기가 될 것이다. 공정한 공천제와 책임정치를 실현하여 중도층과 청년층의 신뢰를 회복하고, 국민통합의 기반을 다져야 한다.

장기(2030년)는 대선을 통해 개혁보수의 비전이 국가적 비전으로 완성되는 단계이다. 그 과정에서 개헌 논의를 병행해 자유민주 헌정질서의 재설계와 국민통합의 제도화를 이루어야 한다. 보수가 이 로드맵을 주도할 때, '2030 체제'의 설계자로서 역사적 정당성을 확보하게 될 것이다.

새로운 보수는 더 이상 과거의 기득권이 아니라, 자유롭고 품격 있는 공동체를 향한 실천적 세력이다. 공동체자유주의는 자유를 책임의 윤리로, 공동체를 자율적 상생의 연대로, 법치를 정의의 수호자로 재정립한다. 자유가 공동체를 떠나면 방종으로, 공동체가 자유를 억누르면 전체주의로 변한다. 이 두 극단을 넘어 자유와 공동체의 조화로운 결합을 이루는 것이 새로운 시대정신이다. 보수는 국민과 함께 이러한 철학을 실천하며, 자유롭고 통합된 선진 통일국가의 비전을 제시해야 한다.

『대한민국의 사명 I』은 기술과 도덕, 자유와 공동체, 전통과 혁신의 조화를 통해 대한민국이 나아가야 할 방향을 제시한다. AI 문명 전환기의 시대정신은 자강의 정신 위에 세워져야 하며 공동체자유주의는 그 철학적 토대이다. 자유 속의 공동체, 공동체 속의 자유를 구현하는 나라, 도덕과 품격으로 세계를 이끄는 선진 대한민국—그것이 이 시대 대한민국이 짊어진 문명사적 사명이며, 보수가 다시 일어서야 할 길이다.

이 시대의 보수는 철학과 행동, 그리고 국민과의 약속으로 다시 태어나야 한다. 보수는 국민 앞에 약속한다.

첫째, 자유민주주의와 법치를 지키는 헌법의 수호자가 되고, 둘째, 분열을 넘어 통합과 포용의 정치를 실천하며, 셋째, 창조와 혁신으로 지속 가능한 번영을 이루고, 넷째, 평화적 자유통일을 향한 국가적 사명을 완수하겠다고 다짐한다. 이러한 품격과 실천의 보수가 국민과 함께할 때, 대한민국은 자유롭고 정의로운 선진 통일국가로 도약할 것이다.

차례

제1부

AI 특이점, 대한민국 자강(自强)의 길

김진현 한반도선진화재단 고문

제4부

보수 혁신의 원칙과 실천 전략

김영수 TV조선 보도 고문

제5부

단계적 로드맵 2026 ~ 2030

손용우 한반도선진화재단 정책위원

대한민국 사명을 위한 다짐

제1부

AI 특이점
대한민국 자강(自强)의 길

김진현 한반도선진화재단 고문

요약

21세기 인류 문명은 지금 인공지능(AI) 혁명이라는 거대한 변곡점 위에 서 있다. 기술이 인간의 지능과 판단을 넘어서는 '특이점(singularity)'의 시대, 인공지능은 경제와 산업, 안보와 국방의 구조를 근본적으로 재편하고 있다. 생산과 금융, 의료, 교육, 군사 영역에 이르기까지 AI는 인간의 삶 전반을 변화시키고 있다. 그러나 이러한 혁신의 파도는 인류의 도덕적 기반과 인간성의 위기를 동시에 불러오고 있다. 탐욕적 자본주의, 가치의 혼돈, 강대국의 패권 경쟁 속에서 세계는 방향을 잃어가고 있다. 이 거대한 문명 전환기 속에서 대한민국이 나아가야 할 길은 외세 의존이나 기술 추종이 아니라 스스로의 힘으로 미래를 개척하는 자강(自强)의 길이다. 자강은 단순한 자립을 넘어 국가의 존엄과 생존을 지키는 총체적 역량의 확보다.

자강의 핵심은 과학기술의 자립과 정신의 자주이다. AI, 반도체, 에너지, 식량, 국방 등 생존의 핵심 기술 영역에서 주권을 확보하지 못하면 국가는 종속될 수밖에 없다. 기술의 자립은 산업 경쟁의 문제가 아니라 국가 안보의 문제이며, 외세의 통제 없이 자율적으로 생존할 수 있는 기반을 만드는 일이다. 동시에 기술의 진보가 인간성을 파괴하지 않도록 도덕과 공동체의 통합이 필수적이다. 기술의 속도와 사회의 품격, 경제의 효율성과 인간의 존엄이 조화를 이룰 때 비로소 대한민국은 도덕적 선진국의 모델로서 세계에 기여할 수 있다.

대한민국은 산업화와 민주화를 모두 이룩한 드문 나라로, 이제는 AI 문명 전환기의 중심 국가로 도약해야 한다. 이를 위해서는 기술자립 · 도덕재건 · 문화융성이라는 삼각축 위에 새로운 국가 전략을 세워야 한다. 기술 혁신이 국가의 자강을 이끌고, 도덕의 재건이 사회 통합을 이루며, 문화의 융성이 국민 정체성과 품격을 완성시킨다. 동시에 국가는 혁신과 규범, 경쟁과 협력의 균형을 유지해야 하며, 이러한 조화로운 리더십이야말로 문명 전환기의 진정한 전략적 리더십이다.

AI 시대의 자강은 기술의 진보를 넘어 인간의 품격과 사회의 도덕성을 세우는 일이다. 기술이 발전할수록 인간다움이 더 중요해지며, 인간의 품격 없는 기술 강국은 결코 문명 강국이 될 수 없다. 대한민국은 이제 인류 문명의 변곡점에서 도덕과 기술의 조화를 통해 새로운 개벽(開闢)의 길을 열어야 한다. 그것이 바로 21세기 대한민국이 짊어진 역사적 사명이며, AI 시대의 진정한 자강의 길이다.

1. 새로운 리더십으로의 첫걸음

우리는 어떤 세상을 살아왔고, 어떤 세상을 살고 있는가? 대반동, 종 말론, 퍼펙트 스톰 …그 어떤 표현으로도 부족한 위기에서 인류 지구촌 문제의 집중 실험실인 대한민국의 '살 길, 새 길'은 무엇인가? 인성, 인 간성, 보편적 도덕성의 집단적 조직화가 가능할 것인가? 인간의 동물성 을 극복할 수 있을까? 근대화와 선진화의 성공과 역(逆)발전이라는 역 설이 함께 얽힌 대한민국 문제군 해결의 길이 곧 인류 지구촌 문제 해 결의 길이다. 대반동과 AI 특이점 시대의 전개라는 이중적 도전 속에 서, 새로운 과학기술과 도덕의 선진국화를 통해 대한민국 자강의 길, 인류 문명 개벽의 길을 찾는 것이 당면 과제이다. 이것이 이 땅에서 사 는, 인류 지구촌 문제군의 진앙지에서 사는 대한민국 국민의 의무이자 보람이며 사명이자 계시이다.

2. 자멸의 세계

참으로 끔찍한 세상이다.

2025년 9월 3일, 마오쩌둥 사진이 걸려 있는 베이징 천안문 광장에서 중화인민공화국 전승절 80주년 기념행사가 열렸다. 권위의 상징인 자금성 천안문 앞 망루에 선 시진핑 주석 그리고 그의 양옆으로 러시아 블라디미르 푸틴 대통령과 북한의 김정은 국무위원장이 함께 자리했다. 푸틴은 국제사법재판소(ICC)의 우크라이나 전쟁 전범 판결로 체포영장이 발부된 인물이며, 북한은 전 세계 국가 중 유일하게 우크라이나 전쟁에 군대를 파병한 나라다. 또한 북한의 김정은은 1945년 이후 현존 세계에서 유일한 3대 세습 독재자이자 사이비 '주체' 신흥 종교의 교주라고 할 수 있다.

그리고 마이크를 잡은 시진핑의 입에서 이런 말이 나왔다. "오늘 인류는 또다시 평화냐 전쟁이냐, 대화냐 대결이냐, 상생이냐 제로섬이냐의 갈림길에 놓여 있다. 모든 국가와 민족이 서로를 평등하게 대하고 화합하여 서로 도울 때만 공동의 안보를 유지하고 전쟁의 근본 원인을 제거하며 역사적 비극의 반복을 막을 수 있다. … 중화 민족의 위대한 부흥은 막을 수 없다." 이는 인류 역사상 세계 패권적 제국주의의 역사적 원형이자 한 번도 그 야욕을 버린 적이 없는 중화주의의 위대한 승리를 선언한 말이다.

존 F. 케네디 미국 대통령이 1961년 1월 20일 취임식에서 "자유의 생존과 성공을 위해서라면 우리는 어떤 대가도 치를 것이다(Let every nation know, whether it wishes us well or ill, that we shall pay any price, bear any burden, meet any hardship, support any friend, oppose any foe to assure the survival and success of liberty.)"라고 선언했고, 1963년 6월 26일, 존 F. 케네디 미국 대통령은 서베를린 브란덴부르크 문 앞에서 "나는 베를린 시민이다(Ich bin ein Berliner)"라고 외쳤다. 장벽으로 고립된 서베를린 시민들에게 자유세계가 끝까지 함께하겠다는 의지를 천명한 이 연설은 냉전기의 자유와 민주주의를 상징하는 역사적 순간이 다시 한번 반사적으로 떠오른다.

대반동과 대혼란의 징후는 일본을 방문하고 이어서 미국을 찾은 대한민국 이재명 대통령과 도널드 트럼프 미국 대통령의 2025년 8월 25일 백악관 회담에서도 발견된다. 이재명 대통령은 트럼프 대통령에게 북한 문제, 즉 한국의 최대 국가 과제인 통일 문제 해결에 협조해 달라고 하거나 공동 노력하자고 요청하는 수준을 넘어, "당신이 '피스 메이커(peace-maker)'가 되어 달라. 나는 '페이스 메이커(pace-maker)'가 되겠다"는 말까지 서슴지 않았다. 이는 과거 문재인 대통령의 베이징 발언인 "큰 산, 작은 산"이 연상되는 대목이다. 만약 이 말을 이명박·박근혜·윤석열 같은 보수 성향의 대통령들이 했더라면, 이재명 대통령이 속한 정당과 지지 세력은 일제히 그들을 '친일·숭미 사대주의자, 반민족적 반역자'라고 매도했을 것이다.

더 비극적인 일도 벌어졌다. 트럼프 대통령의 무자비한 상인(商人) 행태다. 특히 관세정책으로 인해, 급기야 한국의 이강덕 포항시장이 미국 워싱턴 백악관 앞에서 버지니아 한인 10여 명과 함께 '철강 관세 철폐'를 호소하는 플래카드를 들고 시위를 벌이는 장면까지 연출되었다. 이 일은 베이징 전승절 행사가 있기 이틀 전인 9월 1일에 일어났다. 트럼프가 50%에 달하는 철강 관세를 부과하여 포항 지역 철강산업이 무너지고 있었기 때문이다.

한편 희극적인 일도 벌어졌다. 올해 말 완공 목표를 두고 한창 공사가 진행 중이던 미국 조지아주의 현대자동차-LG에너지솔루션 합작 배터리 제조공장에, 9월 4일 미 이민세관단속국이 기습 단속을 벌여 한국인 300여 명을 포함한 475명을 체포하고 공사 작업을 중단시켰다. 이 일은 한국과 미국 모두에게 불행한 사태로, 결국 한미 양국의 공적(共敵)인 북한·중국·러시아만 박수치게 만드는 자멸적인 상황이 전개되었다. 특히 미국 당국이 외국 기업 공장을 대대적으로 단속한 첫 사례가 일본, 중국, 영국, 프랑스, 독일 기업이 아닌 한국기업이라는 점은 시사하는 바가 크다. 이 공장은 불과 6개월 전인 3월 28일 백악관에서 트럼프 대통령 곁에 서서 향후 4년간 210억 달러를 투자하겠다고 약속했던 현대자동차 그룹(정의선 회장)의 현지 공장이었다. 또한 미국은 한국 조선 산업의 도움으로 자국의 조선 산업을 부흥시키겠다며 한국을 입이 마르도록 칭찬하더니, 정작 그 한국기업에 가장 먼저 철퇴를 가한 셈이다.

미국의 각별한 경제 · 군사 원조와 자유시장 세계무역 질서 속에서 한강의 기적을 이룬 대한민국으로서는, 이제 미국의 대역전과 트럼프의 독단으로 인한 세계 자유주의 질서의 종말을 목도하게 되었다. 모국인 헝가리뿐 아니라 동유럽과 러시아의 민주화를 위하여 돈과 정력을 쏟아부은 펀드 매니저이자 자선가인 조지 소로스를 반역자로 몰아붙이는 트럼프의 거친 행태는 부도덕을 넘어 거의 무도덕(無道德)에 가까운 반동이라고 할 만하다.

이런 진보 도덕 외교의 시대도 있었다.

세계는 진보하고 있는가? 되돌아보면, 1차 세계대전에서 베트남 전쟁 개입 전까지 세계가 진보 · 발전했다고 평가받는 시기가 있었다. 문명사적 전진이었다. 계몽으로 시작된 근대 발전의 한 단면이자 하나의 결실이었다. 구체적으로 말하면, 1913년 우드로 윌슨 대통령의 취임에서 시작하여 프랭클린 D. 루스벨트, 해리 트루먼, 드와이트 D. 아이젠하워를 거쳐 1963년 11월 22일 존 F. 케네디 대통령의 암살에 이르기까지의 약 50년의 기간은, 인류가 근대적 이상을 국제적으로 현실에서 실현해 본 시기였다. 윌슨이 1918년 1월 8일 의회에서 발표한 1차 대전 이후 평화 원칙인 '14개 조(Fourteen Points)'는 비밀 외교의 금지, 경제 장벽 제거, 국제기구 창설 등을 포함했으며, 특히 제5조에서 민족 자결주의 원칙을 제시했다. 이 민족 자결 조항은 1919년 3월 기미년 독립운동에 정신적 동력을 불어넣었으며, 3 · 1 독립선언서의 영감이자 지향이 되었다.

루스벨트의 대공황 극복을 위한 대담한 뉴딜 정책과 제2차 세계대전 참전 결정 등을 통해 미국은 건국 이래 고수해 온 중립·불개입의 먼로 독트린을 깨고, 자유와 발전을 수호하기 위한 국제 협력과 국제 기구 창설에 앞장섰다. 미국 외교가 자유주의·도덕주의·진보주의적 개입주의로 전환된 것이었다. 비록 이러한 시도가 1차 대전 후 처리 과정에서 국제연맹의 무력화로 실패했다. 그러나 제2차 대전이 끝나 갈 무렵 미국과 연합국은 대서양 헌장을 채택하고 국제연합(UN), 세계 은행, 국제통화기금(IMF), 세계무역기구(WTO, 이전에는 GATT), 국제사법 재판소 등을 창설했다. 이를 바탕으로 국제적인 정치·경제·무역· 후진국 원조 질서에 국가 간 협력과 개별 국가의 행동을 제약하는 국 제기구들을 세워냈다. 이러한 노력은 UNICEF, UNESCO, 난민 보호 등 인류 보편의 기본 수요(복지, 교육, 여성, 소수민족 등) 분야까지 확장 되었다. 가장 자유주의적이고 진보적인 국제협력의 시기는 제2차 대 전 종전 직후부터 미국의 베트남 전쟁 개입 이전까지, 즉 1945년부터 1960년대 초까지였다.

미국은 인류 역사상 최초로 전승국이었는데도 불구하고 패전국으로부터 배상금을 받지 않았을 뿐 아니라 패전국의 전쟁 피해 시민에게 긴급 원조를 국가 차원에서 실행했다. 인류 역사에서 유례없는 일이었다. 실제로 미국은 제2차 대전의 전쟁 당사국이었던 패전국 일본, 독일, 오스트리아, 이탈리아로부터 어떠한 전쟁 배상도 받지 않았다. 역사상 처음 있는 일이었다. 이에 더하여, 미 육군성은 패전국들의 전쟁 피해 국민에 대한 긴급 생계 지원을 위하여 '피점령 지구 구호대책위원회(GARIO: Government Relief in Occupied Areas)'를 조직하여 1945~1949년 사이에 총 45억 달러(2018년 달러 가치로 환산하면 약 398억 달러)를 원조했다. 일본에 19억 달러, 독일에 17억 달러, 오스트리아에 3억 달러, 그리고 미군정청 관할이었던 한국에 5억 2천만 달러가 지원되었다. 주로 밀과 쌀 등 식량과 긴급 구호 의료품 등이었다. 이어 미국은 유럽을 대상으로 150억 달러 규모의 마셜 플랜 원조를 실시하여 유럽경제를 전쟁 전 수준으로 복구시켰다. 한국은 미 육군성(1947년 국방성으로 개칭)의 GARIO 원조를 두 차례 받은 유일한 나라다. 1950년 6·25 전쟁이 발발하자 1950~1957년에 (명칭은 CRIK: Civil Relief in Korea 로 바뀜) 다시 4억 5천737만 달러를 지원받았다.(참고로, 일본은 한국전쟁을 계기로 미국이 제공한 전쟁특수―이른바 '가미카제 특수'―를 맞아 패전 후의 혼란을 극복하고 1990년대에 세계 제2위 경제 대국으로 도약하는 발판을 마련했다.)

이처럼 국가 재정을 들여 전쟁 상대국까지 포함한 나라들에게 자유·민주주의·개방이라는 진보적 국제협력을 위해 무상원조를 제공한 것은 역사상 처음 시도된 실험이었다. 물론 이러한 조치가 종교적·인도주의적 차원만은 아니었다. 국가가 국민 세금을 사용하는 한 '국익'과 완전히 분리될 수 없기 때문이다. 윌슨 대통령의 14개 조 구상이 좌절되고 국제연맹이 실패한 것, 그리고 1차 대전 후 처리 과정에서 특히 일본의 중국 침략 야욕을 막지 못한 것 등은 국제관계의 한계였다. 그래도 1945년 미국의 GDP는 2,230억 달러로 전 세계의 69.7%를 차지했다(1946년에는 2,230억 달러로 64.7%, 1949년에는 2,580억 달러로 58.6%). 이러한 초강대국의 압도적인 경제력은 국민의 큰 반발 없이 국

민의 세금으로 외국을 원조하는 새로운 국제관계의 장을 열 수 있게
한 역사 진보의 중요한 계기가 되었다.

이러한 진보적 관용주의 시대는 1961년, 오성(五星) 장군 출신인 아
이젠하워 대통령이 오히려 '군산복합체(military-industrial complex)'의 위
험성을 경고하는 퇴임사를 남긴 것을 끝으로 막을 내리게 된다. 1965
년 미군의 베트남 전쟁 참전과 1975년의 패배, 이어진 이라크 · 아프가
니스탄 · 이란에서의 계속되는 패배와 후퇴, 그리고 폭증하는 재정 적
자와 달러화 가치 추락 등으로 미국의 이상주의적 · 도덕적 국제 개입
주의 시대는 뒷걸음질 치게 된다. 급기야 오바마 대통령은 2013년 9월
10일 "미국은 더 이상 세계 경찰이 아니다"라고 선언하기에 이른다.

대한민국의 건국과 6 · 25 전쟁에서, 북한 · 소련 · 중국이 합작한 남
침을 막기 위해 유엔군이 참전했다. 이는 UN 역사상 유일한 군사 참
전 기록이다. 뿐만 아니라 역사상 여섯 대륙의 국가들이 참여했고, 이
는 곧 기독교 · 이슬람 · 불교 · 힌두교 · 유교 등 주요 종교권이 모두
개입한 유일한 전쟁이었다. 미국의 원조라는, 역사상 최초로 나타난
진보적 개입주의 외교의 전개는 19세기 말부터의 근대화 과정에서 서
양이 아닌 일본에 의해 식민 지배를 당하고, 네 번의 국제전쟁을 겪으
며, 인구의 절반 가까이가 이산(離散)과 이주(移住)라는 고통을 겪은 대
한민국에게 기회로 작용했다. 이는 불과 반세기 만에 선진국 클럽인
OECD에 가입하고 21세기에는 G7이나 G5 국가를 꿈꿀 수 있게 된
기반이자 기초였다. 1914년에서 1961년까지는 미국이 주도한 진보적
국제 질서 실천의 시기였고 압도적인 경제력을 기반으로 배상을 포기

하고 패전국에 원조까지 제공했던 도덕적 개입과 국제협력의 시대였다. 이마누엘 칸트가 『영구 평화론(Perpetual Peace: A Philosophical Sketch)』 (1795)에서 꿈을 꾸었지만 현실적으로는 불가능하다고 본 '세계 공화국(CIVITAS GENTIUM)' 대신 제시했던 '국가 연합(FEDERATUM FREIER STAATEN)'의 이상에 가까웠다. 만약 칸트가 살아 있었다면 1945년 UN 탄생부터 베트남 전쟁 이전까지의 시기를 '국가 연합 시대'라고 평가했을지도 모른다.

미국 : 자해(自害) 자멸의 길을 가고 있다.

1950~1960년대 세계의 압도적 중심이었던 미국은 GDP의 25%를 차지하던 제조업과 전 세계 R&D의 69%를 담당하던 창조 역량을 자랑했고, 1981년에 국가 부채 비율이 겨우 31.8%에 불과했다. 그러나 그런 미국의 20세기는 이미 지나갔다.

1970년대 이후 미국은 청교도적 도덕주의 리더십이 퇴락했고, 특히 21세기 전후로 대통령과 엘리트들의 부패가 두드러지기 시작했다. 소득 격차의 극대화, 중산층의 분노와 반란, 기독교 인구의 감소, 젊은 세대의 절반 이상이 사회주의에 찬성하기 시작하는 변화가 나타났다. 또한 클린턴 부부처럼 가족 이해관계와 정치적 권력이 뒤엉킨 부패 사례가 나타나고, 동시에 '워크(woke)' 문화로 대표되는 극단적 좌파 엘리트주의가 확산되자, 이에 대한 반작용으로 트럼프와 같은 또 다른 극단—가족적 이해와 결탁된 극우적 비즈니스 세력—이 부상하게 되었다. 이와 더불어 구조적으로는 폭증하는 재정 적자와 달러화의 추락

등으로 이어졌다. 결국 미국의 이상주의적 국제주의 시대는 뒷걸음질 치게 되었다.

1989년 베를린 장벽의 붕괴와 1991년 소련의 붕괴는 미국의 힘이 얼마나 막강한지를 상징하는 사건이었다. 미국에게는 한때 자만의 시간도 찾아왔다. 자유주의와 민주주의의 세계적 보편화로 '인류 이념 진화의 종말과 인류 정부의 최종 형태'가 완성되었다고 주장한 프랜시스 후쿠야마의 저서 『역사의 종말과 최후의 인간(The End of History and The Last Man)』이 1992년에 출간되었다. 세상이 평평해지고 디지털 SNS가 인간의 해방과 민주화의 세계화를 가져올 것이라는 낙관론이 잠시 대두되기도 했다. 그러나 불과 10년이 채 지나지 않아 2001년 9월 11일, 미국을 상징하는 뉴욕의 세계무역센터 빌딩 두 동과 워싱턴 D.C.의 국방부 펜타곤 건물이 아프가니스탄의 알카에다에 의한 테러 공격으로 파괴되는 '9 · 11 사태'가 벌어졌다. 이는 상상을 초월하는 극단적인 반전(反轉)이었다.

힘이란 단순히 물리력이 존재한다고 실효를 갖는 것이 아니다. 힘을 제대로 사용하려면, 정확한 대상에게 정확한 수단을 정확한 시간에 적용할 수 있는 거버넌스가 기능해야 한다. 이를 위해서는 힘을 쥔 최종 결정자들, 즉 정부는 물론 국가의 엘리트들이 힘을 키우고 사용하는 데 있어서 그 가치와 목표, 국가의 위상에 합당한 도덕적 우월성을 갖추고 있어야 한다. 군 출신인 아이젠하워 대통령이 군산복합체의 위험성을 경고하고, 국방성 차관보를 지낸 조지프 나이 교수가 하드 파워

(hard power)보다 소프트 파워(soft power), 즉 '매력의 힘'을 강조하는 것도 이러한 이유에서다.

2008년에는 미국의 부동산금융 부문의 서브프라임 모기지 사태로 촉발된 세계 금융 위기가 발생하며, 미국 최대 투자은행인 리먼 브러더스가 파산했다. 이는 1929년 대공황 이후 최대의 경제위기였다. '9·11 사태'와 2008년 금융 위기는 전쟁 개입의 지속으로 이미 커지던 미국의 재정 적자를 더욱 악화시켰다. 현재 미국의 국가 부채 비율은, 제2차 대전 종결 시기인 1945년에 GDP 대비 105%(1946년에 106%)로 미국 역사상 최고치를 기록했던 것과 비교해도 훨씬 높은 수준을 지속하고 있다. 트럼프 대통령의 예측불허 재정·관세·금융 정책으로 미국의 재정 적자는 더욱 쌓여, 연방정부의 공공부채는 앞으로도 계속 늘어날 전망이다. 2024년 현재 미국의 연방 부채는 약 36조 달러로 GDP 대비 124.3% 수준인데, 2025년 8월 현재 37조 달러로 불과 9개월 만에 1조 달러가 더 늘었다.

2000년대 후반, 미국 합참의장 마이크 멀린은 "우리 국가 안보에 매우 중대한 위협이 되고 있는 것이 바로 국가 부채"라고 지적했다. "국가가 미군의 활동을 적극 지원할 수 있는 능력이 매우 중요하기 때문"이라는 것이다. 그는 앞으로 장기적인 관점에서 군도 경제 활성화를 위해 기여해야 한다고 강조했다(매일경제, 2010.8.27.). 그에 앞서 멀린 의장은 천빙더 중국 인민해방군 참모총장과 베이징에서 회담했다. 공동 기자회견에서 천 참모총장은 "최근 경제적 어려움에 비추어 볼 때 미국의 군비 지출이 너무 많다. ~~~ 금융 위기에서 막 회복 중인 상태에서 그렇게 많은 돈을 군비로 쓰는 것은 납세자들에게 큰 부담을 지우는 것"이라는 모멸적인 충고를 멀린에게 건넸다(매일경제, 2017. 7. 12.).

세계 최대 헤지펀드인 브리지워터 어소시에이츠를 설립한 전설적인 금융인이자, 최근에는 경제 역사가로 평가될 만한 저서를 잇달아 내고 있는 레이 달리오는 2025년 신작 『빅 사이클(Big Cycle)』(Simon & Schuster)에서 장기 부채와 통화 가치의 80년 주기 '빅 사이클론' 이론을 펼치고 있다. 달리오에 따르면, 현재 미국과 국제 금융계는 미국 국채 부채 증가 추이가 1945년 이후 약 80년 주기의 90~95% 지점에 다다른 상황이다. 이는 과거 파운드화 기축통화 시대의 종말과 영국의 쇠퇴에서 보았듯이, 앞으로 달러화의 추락과 미국의 쇠락—즉 '미국 시대'의 끝자락을 시사한다. 물론 미국의 쇠퇴가 소련의 소멸이나 과거 영국·네덜란드의 추락과 똑같은 양상은 아닐 수 있다.

2000년대에 들어서는 미국의 '자해(自害) 자충(自充)'식 자기 패배 가능성에 대한 우려가 미국 안팎의 지도자들로부터 제기되었다. 영국 파이낸셜 타임스는 2011년 7월 25일 자 기사에서 "워싱턴이 미국을 익사시키고 있다"는 제목을 달아, 워싱턴의 정치 양극화와 정부 역량 약화를 비판했다. 2014년경부터 출처는 분명치 않지만 "미국의 적은 모스크바나 베이징이 아니라 워싱턴"이라는 말이 정계와 언론계에서 계속 회자되었다. 1981년, 미국의 금리가 예수 탄생 이후 최고 수준인 21.5%까지 올라갔고, 살해위협까지 받으며 인플레이션을 잡아낸 폴 볼커 전 미

연방준비제도이사회 의장은 한때 미국 공직자들의 명예의 거리였던 워싱턴 D.C.의 K스트리트가 이제 로비와 부패의 거리로 전락했다고 한탄하며 워싱턴을 떠나기도 했다. 크라이슬러 자동차를 재건한 기업인이며 말년에는 자선과 공익사업에 헌신한 리 아이아코카는 저서 『지도자들은 다 어디로 사라졌는가(Where Have All The Leaders Gone?)』(2007)에서, 조지 W. 부시 대통령 집권기의 부패상을 낱낱이 폭로하고 있다. 그는 부통령 딕 체니, 국무장관 콘돌리자 라이스, 국무장관과 백악관 비서실장을 지낸 제임스 베이커, 상무장관과 경제 고문을 역임한 인사들이 미국의 석유기업 엔론(Enron)과 셰브론(Chevron), 중동 산유국들과 얽혀 있었던 사실과 이라크 침공의 과정과 배경 등, 대통령과 정부의 부패와 공인의 도리를 저버린 반(反)국가적 행태를 적나라하게 드러내 보였다. 그만큼 미국에서 공인(公人)이 사라졌다는 것이다.

미국의 전직 고위 외교관으로 20년 동안 미 외교협회 회장을 지낸 리처드 하스는 "무엇 때문에 밤잠을 이루지 못하느냐"는 질문을 받고 "그것은 우리, 곧 미국이다"라고 답했다. 러시아, 중국, 이란, 북한, 기후변화, 테러리즘, 팬데믹을 제치고 미국 자체가 우려 목록 1위에 오른 것은 '내부'의 혼란이 '외부'의 위협을 능가하는 지경에 이르렀기 때문이라며, "우리 국내 정치 상황은 정말로 지독한 불확실성과 신뢰성 결여를 보여주고 있다. … 이제 우리의 친구들은 우리에게 의존하기 매우 어려워졌다"고 덧붙였다(뉴욕타임스, 2023.7.1. 인터뷰). 이 이야기는, 어떻게 들으면 1862~1865년 남북전쟁 직전과 같은 내부 붕괴 상황을 연상시킨다. 그래도 그 당시에는 링컨처럼 인격과 도덕성이 탁월한 지도자가 있었다.

이미 2008년, 지금으로부터 17년 전, 마이클 매코널 미국 국가정보국(DNI) 국장은 "2025년 무렵 중국이 세계 제1위 경제 대국이 되고 세계 최대 천연자원 수입국이자 주요 군사 대국으로 부상하는 단계에 진입할 것이며, 러시아와 인도가 바짝 뒤따를 것으로 예상된다"고 전망했다. 매코널 국장은 2008년 11월 30일 테네시주 내슈빌에서 열린 정보 컨퍼런스에서 이렇게 밝혔다. "중국, 인도, 러시아가 주요 강국으로 급부상하고 자원경쟁이 치열해짐에 따라 향후 20년 동안 국제적인 갈등의 위험이 점증할 것이다. 특히 전략적 갈등 관계가 무역, 천연자원에 대한 접근, 투자 및 기술 혁신 등을 중심으로 형성될 가능성이 크다. … 이러한 경향이 지속되면 중국이 세계 제1의 경제 대국으로 떠오를 가능성을 전망할 수 있다."(한국경제, 2008.11.3.) 문제는 매코널의 이러한 경고에도 불구하고, 중국이 전 세계 희토류 원광석 생산과 제련 분야에서 독점적 지위를 키워 오는 동안 미국은 20년 가까이 이를 전혀 예방하지도 못했고 자체 개발에도 손을 놓고 있었다는 점이다. 워싱턴의 이러한 무능과 방치는 결국 스스로 자초한 결과로 이어졌다.

인류 자멸의 길은 널려 있다.

2025년 9월 1일부터 4일까지 이어진 전승절 80주년 기념행사와 상하이협력기구(SCO) 회의는 중국이 세계의 중심임을 선언한 시간이었다. 베이징 천안문 광장에는 '중화 인민 대단결 만세', '세계 인민 대단결 만세'라는 현수막과 마오쩌둥의 대형 초상화가 내걸렸다. 그 앞에 모인 세계의 반(反)자유·반(反)민주·반(反)휴머니즘 독재 국가 수령들은 반미(反美), 반(反)무역 규제, 반(反)시장 통제를 선언했다. 중국은 심지어 우크라이나의 전범으로 지목된 푸틴을 내세워 '평화'를 선언하고 있었다. 표면적인 성명만 읽으면 마치 유엔이나 세계적십자회의, OECD, G7 회의 후에 발표된 공동성명과도 비슷하다.

결국 미국과 중국이 주도하는 세상 자체가 자멸의 길로 접어들고 있다. 트럼프식 자해(自害)와 자멸(自滅), 시진핑식 독재 연맹은 마치 1920년대 스탈린의 부활을 연상시킨다. 이 역시 자멸로 가는 길이다. 지금의 상황은 디지털 기술로 무장한 공산 독재자 시진핑과 푸틴이 '세계 중심 국가'를 자처하고 나선 것이며, 마치 프랜시스 후쿠야마의 『역사의 종언』이 출간된 지 9년 만에 '9·11 사태'가 일어나고 16년 뒤에 미국발 세계 금융 위기가 터졌던 것처럼, 결국 미·중·러 모두 자멸의 길로 갈 것임을 예언하는 장면처럼 보일 뿐이다.

2027년 시진핑은 3연임을 넘어 임기를 2033년까지 연장할 것인가? 2029년 트럼프는 미국의 대통령 연임 금지 규정을 깨고 시진핑과 나란히 2033년까지 권좌에 머물 수 있을 것인가? 그리고 김정은과 그의 딸 김주애의 운명은 어떻게 될 것인가? 앞으로 10년 남짓한 기간 동안, 미국과 중국은 트럼프-시진핑식 자멸의 한 막을 연출하고 막을 내리게 될지도 모른다. 그러나 트럼프와 시진핑의 자멸이 곧바로 세계 평화를 가져오리란 보장은 없다. 그들을 대체할 새로운 국가나 지역 세력은 물론, 종교나 사회세력도 현재로서는 보이지 않는다. 빌 게

이츠, 워런 버핏, 조지 소로스 등 개인 차원의 세계적 규모 사회개혁과 자선 활동이 전개되고 있으나, 현재로서는 국가 주권의 벽을 넘지 못하는 한계가 분명하다.

　인류가 자멸하는 길은 도처에 널려 있다. 스스로 자멸의 장치를 만들어 낼 수 있는 과학기술(AI, 생명공학 등)의 발전, 인류를 자멸시킬 수 있는 기후변화와 자연재해의 격변, 인류를 자멸로 몰고 갈 수 있는 팬데믹, 선진국과 후진국을 가리지 않고 벌어지는 테러와 반란, 인종·종교·지역·계층·세대 간의 분열, 그리고 인류를 자멸시킬 핵전쟁의 가능성까지, 그 위험은 이미 충분하다. 이제 생물학적 종으로서의 호모 사피엔스가 등장한 지 30만 년, 인류의 역사 시대를 헤아려도 5천 년이 흘렀다. 그 오랜 세월 진화를 거친 인간이 이 자멸을 막을 수 있을 것인가? 결국 인간만이 지닌 인성(도덕성, 사랑, 자비, 인(仁)·의(義), 이타심)을 세계적 규모로 키워낼 수 있느냐에 달려 있다. 그리하여 인간의 이기적이고 생리적인 동물적 본성을 극복할 수 있느냐에 달려 있다. 대한민국은, 그리고 대한민국의 국민·시민은 이러한 새롭고 거대하며 무겁고 결정적인 국면이자 전환기에 무엇을, 어떻게 이끌고 어디를 향해 나아갈 것인가?

3. 대한민국: 선진국이면서 미완의 나라

제 3세계 국가 중 유일하게 근대화에 성공하여 선진국이 된 나라

대한민국은 다양한 자생적·타생적 조건과 경험, 그리고 역사적·지리적 특수 조건들이 얽히고설켜 만들어 낸 결과로, 제2차 대전 후 독립한 120개 가까운 제3 세계 국가 중 가장 빨리, 가장 높이, 가장 폭넓게, 가장 다양하게 근대화와 발전에 성공하여 선진국으로까지 진입한 유일한 국가다. 정치, 경제, 교육, 과학기술, 문화, 예술, 스포츠 등을 종합해 보면, 대한민국은 근대화·선진화에 성공하여 외형적 통계상 제3세계 국가 중 유일하게 선진국의 성취에 도달한 나라다. 뿐만 아니라 대한민국은 선진국을 넘어 세계 최고를 지향하여 성공한 분야도 있다. 케이팝(K-pop)이 대표적이다. 그 외에도 K-드라마, K-영화, K-애니메이션, K-문학 등 여러 분야에서 한국이 세계적인 영향력을 보여주고 있다. 최근에는 방탄소년단(BTS)을 넘어 'K팝 데몬 헌터스'라는 애니메이션과 노래가 세계 1위를 휩쓸고 있다. 대한민국의 독특한 선진화 과정은 또한 한국만의 독특한, 세계 사상 최초이자 최고 기록들도 양산하고 있다. 예를 들어 출산율 저하, 인구 감소율, 고령화 속도, 낙태율, 성형 수술 비율, 고소·고발율, 위증죄·무고죄 발생율 등은 세계 역사상 최고 수준이며, 선진국이나 후진국을 막론하고 그 어떤 국가와도 비교가 불가능할 만큼 압도적으로 높다.

노인 빈곤율, 자살률, 사회 불신율 등도 높다. 심지어 국가 사회 공공기관들 중 국민의 신뢰도가 가장 낮은 기관이 경찰이나 언론이 아니라 대통령실이라는 통계도 있다. 이러한 지표들 역시 OECD 통계상 최고 수준이다. 경제 선진국 대열에 합류한 후 본격적인 복지 선진화를 추진하는 단계에서, 이미 모든 공적연금은 복지가 과잉인 일부 선진국들의 연금 적자나 국가 재정 부채 규모와 비슷하거나 이를 뛰어넘었다. 그럼에도 노인 빈곤율은 오히려 더 악화되고 있는 기이한 현상이 나타나고 있다. 이러한 역(逆)근대적 현상 역시 한국만의 독특한 상황이다. 이러한 모든 도착적 근대화, 반(反)근대적 역(逆)발전 현상이라는 세계사적 기록들 역시, 대한민국이 새로운 시대와 새로운 인류 문명사에서 개혁과 개벽의 첨단 역할을 하라는 하나의 명령이자 계시로 받아들여야 할 것이다.(도착적 근대화에 대한 상론은 필자의 저서 『대한민국 100년 통사(1948~2048)』, 제4장 "극단성, 단절성-압축적 근대화의 특징-역발전, 도착적 근대화", pp. 98-127. 참고)

이러한 사실들은 그동안 기적적인 성공만을 찬탄의 눈으로 바라보던 우리로 하여금 대한민국을 좀 더 객관적으로 보게 만들었다. '위험사회' 이론으로 이름을 떨친 독일 뮌헨대학의 울리히 벡(Ulrich Beck) 교수는 생전에 한국을 근대화가 극단적으로 실현된 나라라고 규정했다.

"한국은 아주 특별한 위험사회이다. 내가 지금까지 말해 온 위험사회보다 더 심화된 위험사회이다. 전통과 제1차 근대화의 결과들, 최첨단 정보사회의 영향들, 제2차 근대화가 중첩된 사회이기 때문에 특별히 위험사회인 것이다"(조선일보 인터뷰, 2008.4.1.).

백 교수는 2014년 세월호 사건 이후에는, 한국이 '위험사회'를 넘어 '재앙 사회(Catastrophic Society)'로 전락하지 않도록 '국가적 변화'가 필요하다고 경고했다. 한편 『호모 데우스(Homo Deus)』의 저자인 이스라엘 텔아비브대학 교수 유발 하라리는 "21세기에 인류가 직면한 최대 과제는 쓸모없는 인간(Useless People)의 등장이 될 것이다"라고 진단하고, 현대 첨단기술의 발달이 독재정치를 장려할 것이라고 우려했다. 그런 그가 본 한국에 대한 진단도 주목할 만하다. 하라리는 "인류의 장기 미래에 관심 있는 이들에게 한국은 새로운 기술과 조직이 어떻게 인류 사회의 구조에 영향을 주는지 살펴볼 수 있는 최고의 실험실"이라고 평했다. "… 한국은 오늘날 인류가 직면한 딜레마를 압축적으로 보여주는 곳입니다"라고도 했다(동아일보 인터뷰, 2016.1.4.). 대한민국은 하나의 '완성된 국가'라고 보기에는 결함과 흠결이 많다. 특히 국가의 가장 기본적인 기초 측면에서 그런 결함이 두드러진다. 한국의 근대화 성공 과정에는, 특별히 성공한 이유들과 마찬가지로 그처럼 유달리 빠르게 성공한 탓에 발생한 여러 가지 왜곡, 착오, 역류, 도착 현상들이 함께 공존해 오고 있다.

절대 부족한 생명 자원 : 먹거리와 에너지

하나의 나라가 '완성된 국가'라고 불리려면 두 가지 조건을 충족해야 한다. **하나는 국민 · 백성 · 시민의 '생명 자원', 즉 먹거리와 에너지를 안전하게 공급하는 것이다. 둘째는 국가 존립의 안전을 지키는 것, 즉 '안보'이다.** 한국의 생명 자원 상황은, 부존자원이 절대적으로 부족할 뿐만 아니라 생산·공급(국내외) 측면에서도 특히 불안정하고, 수요·소비 면에서는 유달리 과소비와 낭비가 심하다는 데 그 특징이 있다. 생명 자원의 수급 양면 모두에서 일대 개혁이 필요하다. 먹거리와 에너지의 자립, 즉 '실질적 자립' 없이는 진정한 선진국이 될 수 없다. 대한민국은 이런 점에서 아직 비(非)선진, 미완성의 결격 국가다. 여기서 말하는 실질적 자립이란, 국내 생산뿐 아니라 해외 생산 기지 확보와 국내외 수송 등을 아우르는 실질적 자급 체계의 완성을 뜻한다.

OECD의 2022년 곡물 자급률 통계를 보면 한국은 22%로 30개국 중 27위였다. 호주, 프랑스, 캐나다, 미국, 독일의 자급률이 높은 것은 국토의 넓은 평야와 기후 조건을 고려하면 당연하지만, 스위스, 벨기에, 덴마크, 스웨덴, 핀란드 등도 한국보다 자급률이 앞선다. 특히 주곡인 쌀은 남아돌아 갈 정도인 기이한 구조인데도, 밀, 옥수수, 콩 등의 해외의존도는 매우 높다. 해외 농지확보 현황을 보면 이러한 취약성이 더욱 뚜렷해진다. 우리와 형편이 비슷하게 인구 대비 농지 면적이 적은 나라들과 비교해 보면 식량 자급의 의미를 새삼 깨닫게 된다. 최근에는 해외 농지확보에 대한 국제 비교 통계가 없지만, 2008년 국제농업개발원 자료에 따르면 한국의 1인당 해외 농지확보 면적은 20평에 불과하다. 네덜란드는 3,000평, 스위스 1,500평, 일본 1,400평, 덴마크 300평, 대만 200평, 중국 50평 수준이다.

국내 1인당 농지 면적과 비교하면, 일본은 14배, 네덜란드는 18배, 스위스는 2.5배나 더 확보하고 있는 셈이다. 뿐만 아니라 스위스는 앙

드레(Andre)라는 세계 5대 곡물회사와 MSC라는 세계 2위 해운회사를 보유하고 있다. 이 사실은 스위스가 얼마나 확실하게 국민 먹거리의 안전한 공급 체계를 갖추고 있는지를 보여준다. 이 점에서 한국, 일본, 중국은 유럽 선진국들에 비해 식량의 안정적 확보 면에서 공통된 결함을 지니고 있다. 스위스, 스웨덴, 핀란드, 노르웨이가 지리적으로 불리한 위치에 있음에도 불구하고 '자강'(自强)의 '모범을 보이는 것은, 이들 국가의 식량 자급률이 높고 동시에 안정적인 정치와 창조적인 산업·과학기술을 지속하고 있기 때문이다.

에너지 측면에서도 한국은 '실질적 자립'과는 거리가 멀다. 한국은 2023년 기준 에너지소비 규모에서 세계 7위의 대국이다. 한국보다 에너지를 많이 소비하는 나라는 중국, 미국, 인도, 러시아, 일본, 캐나다뿐이다. 이들은 모두 인구나 경제 규모, 자원 면에서 세계적인 강대국들이다. OECD의 2022년 에너지 자립도 통계에 따르면, 한국은 30개국 중 14위(18.20%)로 얼핏 보면 에너지 자급 면에서 중위권 국가인 것처럼 보인다. 그러나 이는 원자력발전에서 연료인 우라늄을 100% 수입하는 점을 제외하고 발전 자체의 국내 생산 능력만을 계산한 수치다. 이 점을 고려하면 한국의 실질 에너지 자립도는 최하위권으로 떨어진다. 한국 에너지문제의 또 다른 특징은 단위 면적당 에너지 소비량(에너지 밀도)이 세계 최고 수준이라는 약점이다. OECD 국가 중에서 한국은 가용 국토 면적 대비 전력 소비량이 일본의 1.5배, 영국의 6배에 달하며, 전력망의 전기화 밀도와 원자력발전 밀도에서 세계 1위를 기록하고 있다. 당연히 전력 수요 증가 속도도 세계 1위다.

석유 한 방울 나지 않는 나라임에도 불구하고, 한국의 1인당 석유 소비량은 사우디아라비아, 미국, 캐나다, 네덜란드 등 실질적인 산유·석유 패권 국가들에 이어 세계 5위를 차지하고 있다. 이는 프랑스, 독일, 영국보다도 높은 수치다. 국책 연구 기관인 에너지연구원의 보고서 "석유안보 강화 방안 – 석유안보 취약성 지수 분석과 시사점"(2013.12.16. 발표)에 따르면, 한국은 태국에 이어 세계에서 두 번째로 석유 안보가 취약한 국가다. 프랑스를 비롯한 유럽의 에너지 부족 국가들이 해외 자원 개발 비중을 50~90% 수준으로 유지하고 있는 것에 비해, 한국은 2022년 기준 10.2%에 불과하다. 유럽대륙은 하나의 전력망으로 연결되어 있어 상호 보완 체제가 구축되어 있다. 전력망의 국제화 측면에서 볼 때, 한국과 일본은 완전히 고립된 섬과 같다. 생명 자원의 상실은 사회 혼란을 불러오고, 외부의 압력에 취약하게 만들며 궁극적으로 국방 태세마저 무력화시킨다. 따라서 먹거리와 에너지 확보는 군사적 안보와 더불어 국가 생존의 이중 기둥이며, 이를 지키지 못하는 국가는 스스로 안보의 근간을 무너뜨리는 셈이다.

국가의 가치와 안보를 저버린 최고 지도자들

한반도는 지금 휴전 상태다. 전쟁 상태는 아니지만, 평화 상태도 아니다. 3년 간의 전쟁 기간을 제외하고 1953년부터 지금까지 72년간 휴전 상태가 지속되어 왔다. 해방 후 분단된 5년까지 포함하면 77년 동안 긴 휴전만 계속되고 있을 뿐, 1953년 정전협정이 체결되었지만, 평화가 유지된 것이 아니라 불안정한 휴전 상태가 지속되고 있을 뿐이다. 앞으로 대만 해협에서의 사태 전개는 우리에게 현재의 휴전선이 '평화선'이 아니라 어디까지나 '휴전선'임을 상기시켜 줄 가능성이 높다. 대만 해협에 전운(戰雲)이 감돌고 있다. 2021년 7월 1일, 중국 공산당 창당 100주년 기념행사에서 시진핑은 주요 연설을 통해 "조국 통일은 변함없는 목표이며, 대만 문제도 반드시 해결해야 한다"고 강조했다. 시진핑 주석의 임기가 끝나는 2027년에 중국이 대만을 침공할 것이라는 설이 무성하다. 대만 해협의 파고가 높아지면, 이는 자연스럽고도 당연하게 한반도의 군사적 긴장 수위도 높일 수밖에 없다.

북한 역시 6 · 25 전쟁 때나 2000년 이전의 북한이 아니다. 이제 북한은 핵무기는 물론 대륙간탄도미사일(ICBM)까지 보유하고 있으며, 최근 우크라이나 전쟁에서 드론전을 통해 실전 경험까지 쌓았다. 그 어느 때보다 만만치 않은 상대가 된 것이다. 핵을 보유한 측과 핵이 없는 측 사이의 격차는 제로 대 무한대의 차이에 비유될 만큼 절대적인 것이다. 더구나 트럼프의 재등장과 베이징 전승절 행사에서 과시된 시진핑 – 푸틴 – 김정은의 결속은, 북한이 건국 이래 최상의 전략적 위상과 기회를 얻게 되었음을 보여준다. 2000년 김대중 대통령과 김정일 국방위원장의 평양 정상회담으로 김 대통령이 노벨평화상을 수상했지만, 그로부터 6년 뒤인 2006년 10월 9일(김 대통령의 임기 종료 후 3년 만에) 북한은 첫 핵실험을 강행했다. 이후 2017년까지 총 6차례에 걸쳐 핵실험을 이어갔다. 이미 남북한 간의 군사력 균형은 깨진 지 오래다.

과연 미국의 '확장 억제'를 믿을 수 있을 것인가? 앞으로 트럼프는 북한의 김정은과 과연 어떤 흥정을 할 것인가? 2018년 6월 19일 자 뉴욕타임스는 트럼프의 사위 재러드 쿠슈너와 싱가포르의 고위험 투자 회사 SCG(주로 에티오피아, 몽골, 북한 등에 투자)의 가브리엘 슐츠 간의 거래를 보도했다. 이는 김정은과의 싱가포르 정상회담 직전에 이루어진 거래 이야기다. 해당 기사에 따르면, 트럼프는 김정은에게 휴양지 해변에 호텔과 콘도미니엄을 건설하고 개방하는 내용을 담은 4분짜리 영상을 보여주며, "부동산 투자 관점에서 생각해 보라"고 말했다. 이미 그때부터 원산 휴양지 개발 프로젝트가 논의에 오른 것이다. 다음에는 과연 무엇이 오갈 것인가? '피스 메이커 노벨상' 딜일까, 아니면 '부동산 리조트' 딜일까?

2년 뒤, 과연 시진핑은 대만에서 어떤 일을 벌일 것인가? 한국은 어떤 상황에 직면하게 될까? 전쟁 상태 혹은 전쟁에 준하는 상황에서, 핵을 보유한 북한은 어떻게 나올 것인가? '더러운 평화'라도 전쟁보다는 낫다는 생각은 소극적이고 안일한 평화관이다. 전쟁이 없다는 것만으로 평화를 이룬 것이 아니기 때문에, 정의와 인권이 실현되는 세상을 만드는 것이 진정한 평화라는 '적극적 평화론', '정의 평화론'의 관점에서 보면 이런 태도는 비판받을 수밖에 없다. 김대중 대통령과 함께 북한을 방문했던 고은 시인의 말이 떠오른다. 그는 2014년 9월 15일 유네스코 한국 명예 평화대사 위촉식에서 이렇게 말했다. "싸울 의지가 없는 사람은 평화를 지킬 수 없다. 적극적인 의미의 평화는 충분히 싸울 수 있는 사람, 전쟁을 선택하고 전쟁을 중단할 수 있는 사람이다. 전쟁을 극복하는 의지가 바로 평화의 의지다."

'더러운 평화'와 '싸울 의지가 있는 평화', 둘 중 어느 쪽이 우리에게 더 절실한가? 북한의 핵실험이 후반부에 접어든, 특히 2016년과 2017년 핵실험 당시 미국 호놀룰루와 일본 도쿄에서는 즉각 민방공 대피 훈련이 실시되었다. 대한민국 국회 재난안전대책위원회도 이에 대해 전체회의를 열었다. 당시 "왜 한국은 그런 훈련을 하지 않느냐"는 국회의 질의에 김부겸 행정자치부 장관은 이렇게 답변했다. "북한 공격 대비 훈련은 정부가 나서서 위험을 과장한다는 오해를 불러일으키거나 불안감을 줄 수 있습니다. 비상 대비 계획은 있지만, 그런 북한 공격 상황을 상정해 정부가 직접 훈련을 실시하는 것은 부담이 크고 파장도 큰 문제입니다. 국민이 상황을 충분히 납득하고 그 필요성에 공감해 줄 때만 가능하다고 봅니다."(2017.12.18.) 결국 고은 시인의 평화·안보관에도 미치지 못하는 이러한 대한민국 대통령과 안보 관계 장관들의 의지와 정책으로는 국가와 국민의 평화를 지킬 수 없다.

인류 역사상 가장 오래 지속된 휴전선인 한반도의 비무장지대 (DMZ)와 휴전 상황, 그리고 불과 3년 전인 2022년까지 70년 동안 수도 서울 한복판인 용산에 외국 군대의 주둔 병영을 두고 지냈다는 부자연스러운 안보 현실이 너무 오래 지속되어 왔다. 아마도 한국은 한 나라의 전시작전권을 외국 군대의 사령관에게 맡겨 놓고 있는 유일한 선진국일 것이다(나토의 집단 안보 체제와도 다른 상황이다). 미군 해외 주둔 병력이 가장 많은 나라는 독일, 일본, 그리고 한국 순이다. 그러나 베를린이나 도쿄의 도심 한복판에는 미군 병영이 존재하지 않는다. 내 경험으로 비춰보면, 1966년 우간다의 수도 캄팔라에서 대통령궁을 프랑스 국기가 선명히 그려진 탱크와 백인 병사가 지키던 모습을 본 것이 유일한 사례였다.

이승만·박정희 대통령 시대를 제외하면, 역대 대통령들과 국무총리, 안보 담당 국무위원들은 국가의 안보 자강(自强)과 독립에 대한 의무감과 책임감이 너무 희석되고 말았다. 오히려 일부 정부들은 안보 자강을 소홀히 한 채, 임기 5년 동안 북한과의 '평화 놀이'와 '사진 찍기 이벤트에' 국력을 낭비했다. 그 결과 지난 30여 년간 북핵 대책은 완전무결한 대실패로 끝나고 말았다. 이는 대한민국과 미국 모두의 완전한 실패였다. 이 일은 미국 스스로도 미국 외교사 혹은 CIA 역사상 최대의 실패로 기록되고 있다. 트럼프의 김정은 상대 '피스 메이킹' 전략은 과연 어떤 대가를 치르고서야 성공할 수 있을까?

중국·러시아·북한으로 이어지는 신(新) 3국 연대가 동북아의 질서를 좌우하고 신냉전 시대를 열어가고 있다. 트럼프, 시진핑, 푸틴 세력이 건재하는 한, 세계가 자유, 시민, 민주주의, 법치, 다원주의, 평화, 국제협력의 길로 되돌아가기는 어려울 것이다. 한 가지 분명한 사실은 트럼프의 미국, 시진핑의 중국, 푸틴의 러시아, 김정은의 북한, 그리고 윤석열-이재명의 대한민국 모두 자멸의 길을 걷고 있다는 점이다. 이들 모두의 공통점은 인격과 도덕성이 철저히 결여되어 있다는 것이다. 이들은 국민·시민·백성의 지도자가 아니라, 1당 패거리이자 자기편 가족 이익만 추구하는 집단의 두목에 불과하다. 특히 대한민국은 이미 현재의 국제적·국내적 여건과 단기 및 장기 미래의 모든 변수에서 자멸의 길을 걷고 있다.

4. 대한민국 자강의 길

21세기 들어 대한민국은 이미 지구촌 인류가 직면한 문제군(問題群)의 집결지이자 실험실, 진앙지가 되었다. 이제 대한민국이 나아갈 탈출구는 두 가지다. **첫째, AI 특이점 시대라는 새로운 창세기의 과학기술을 국가 자강에 총집중하여, 국가가 존재하고 존재해야 하는 이유 — 즉 국민의 생명자원(먹거리와 에너지)의 안전과 국가의 군사적 · 국제적 안보— 를 확고히 확보하는 길이다. 둘째, AI 시대에 기존의 '자연–인간' 시대보다 더욱 절실해진 도덕성과 보편적 윤리를 확립하여 '도덕 선진국'의 모범이 되는 길이다.**

AI 시대, 과학기술로 실현하는 대한민국 자강

자강이란 대한민국의 운명적 양극단, 대극적(對極的) 반도성 —즉 중국 · 러시아 · 북한 같은 대륙 세력과 미국 · 일본 같은 해양 세력으로부터의 자유와 독립— 을 이루는 것이며, 실질적으로 대한민국 국민의 생명 자원(먹거리와 에너지)의 자립과 국가의 군사적 · 국제적 안보를 확보하는 것이다. 비록 각종 통계나 문화적으로 대한민국은 우뚝 선 선진국이지만, 생명 자원의 자립과 국가 안보의 자립이라는 자강의 기준에서 보면 아직 '결격의 나라', '미완의 나라'에 속한다. 우리는 너무 오랫동안, 특히 1980년대 이후로 주어진 국제 질서에 안주한 채 자립·독립·자강의 가치와 의지, 이념과 사기(士氣)를 지나치게 등한시하며, 심지어 없어도 되는 것처럼 여겨 온 면이 있다. 이제 꿈에서 깨어나야 한다.

우리는 트럼프, 시진핑, 푸틴, 김정은과 같은 권위주의적 지도자들을 극복하는 자강의 국가가 되어야 한다. 대한민국은 앞으로 10년에서 30년 안에 새롭게 전개되는 AI 특이점 시대의 과학기술을 수단으로 삼아, 대한민국 자강을 달성하겠다는 새로운 목표와 의지를 확고히 다지고 전략적으로 집중해야 한다. 한반도 역사상 최초로 과학기술을 통해 진정한 독립·자립·자강을 달성하는 새로운 기록, 새로운 역사를 써야 한다. 그런 가치와 목표, 의지와 혼을 다시금 일으켜 세워야 한다. 물론 이는 시대착오적인 종족주의나 국수주의로 회귀하자는 것이 아니다. 대한민국의 역사적·지리적 조건과 근대화 과정이 지닌 예외적인 특징에서 보듯이, 세계에서 유일하게 독특한 조건을 가진 대한민국이 완전한 의미의 독립·자립·자강에 성공한다는 것은 비단 대한민국만의 일이 아니다. 이는 대한민국을 넘어 모든 국가 단위 ──특히 소규모 국가들── 에게 대국(大國) 패권 국가들로부터 벗어나 자유와 해방을 얻을 수 있는 길을 보여주는 것이기 때문이다. 참고로, 헨리 키신저 등이 공저한 『새로운 질서: AI 이후의 생존 전략』(2025)에서도 "AI로 역량 강화된 민족 국가들이 새로운 균형을 이루는 상황을 어쩔 수 없이 보게 될 것"이라고 진단하고 있다(p.162).

대한민국이 새 시대 특이점인 AI 시대의 새 차원 과학기술을 가장 앞장서 창의적으로 개척하고 활용하여, 첫째, 국민 생명자원(먹거리와 에너지)을 이 땅에서 자급자족할 수 있게 된다면 (극단적으로 말해 이 땅의 연구실에서조차 생산해 낼 수 있게 된다면), 그리고 둘째, 세계 4대 강국에 둘러싸인 유일한 지리 조건의 나라로서, 지구상 유일하게 한국은 전 세계 9개 핵보유국 중 중국·러시아·북한 등 3개국과 직접 맞닿아 있다. 여기에 미국의 확장억제(핵우산)와 일본의 잠재적 핵능력까지 더해지면 한반도는 사실상 다중 핵세력의 교차점에 놓여 있다. 이러한 상황에서 만약 대한민국이 그 압도적 핵 환경 속에서도 독자적인 군사·안보 기술을 확보한다면, 이는 규모와 관계없이 모든 나라가 생명자원과 안보의 자립을 이룰 수 있다는 가능성을 입증하는 길이 될 것이다. 설령 완전히 군사 안보 측면의 자강까지 이루지 못한다 하더라도, 대국 패권 국가들의 군사 안보 질서 또한 근본적으로 바뀔 수밖에 없을 것이다. 이는 생명자원을 수출하는 강대국인 미국, 러시아, 중동, 브라질 등으로부터 그리고 중국의 희토류 공급 횡포로부터 벗어날 수 있는 가능성을 열어 주는 길이기도 하다.

한편, AI의 정치적·사회적 영향에 어떻게 대응할 것인지에 대해 다양한 의견이 나오고 있다. 예를 들어, 미국의 헌법 제정 회의에 버금가는 'AI 헌장' 위원회를 구성하자는 제안부터, '신왕정(neo-monarchist)'이나 '기술 공화국(Technological Republic)'을 주장하는 목소리까지 등장하고 있다. AI가 초래할 국제정치적 파장도 크다. 과연 AI 시대의 국제 질서에서도 핵무기확산금지조약(NPT)과 같은 통제 체제가 가능할 것인가? 국제 안보 질서 또한 근본적으로 변화하기 시작할 것이다.

이미 미국에서는 AI의 개방성과 빠른 전파력, 혁신성의 결과로 역사상 유례없는 '힘의 민주화'가 일어날 가능성도 제기되고 있다. 이 때문에 미국과 중국이 서둘러 AI 윤리 규범을 공동으로 만들어야 한다는 주장도 나온다(토머스 L. 프리드먼, "the one danger that should unite the U.S. and China", 뉴욕타임스, 2025.9.6.). 이는 미국과 중국이 여러 분야에서 대립하더라도 AI 분야만큼은 양국이 협력하자는, 곧 미·중 공동 패권론이라 할 수 있다. 반대로, AI의 혁신성과 확장성이 힘의 민주화를 가져와 패권 제국 시대를 종식시킬 수 있다는 견해도 존재한다. 그럴수록 대한민국은 유전공학, 양자 기술, 나노 기술, 로봇 기술 등을 적극 활용하여, 생명 자원 확보와 안보 측면에서 공간적 제약을 뛰어넘는 자립의 길로 나아가야 한다. 국민 생명 자원의 안전한 공급과 국가 안보를 위한 자강의 기술 개발에 역량을 집중해야 한다. 그것만이 패권 국가들의 힘의 굴레에서 벗어나, 작은 국가도 자강을 이룰 수 있는 길이다.

AI 특이점의 개막은 본질적으로 계산 능력의 '초월적' 성취에서 비롯된다. 2030년까지 상용화가 가능할 것으로 전망되는 양자컴퓨터의 비약적 연산 능력은 생명과학과 우주공학의 발전을 가속화하며, 인류가 경험하지 못한 초월적 속도를 예고한다. 특히 위성체를 통한 생물·물질 변환 기술은 먹거리와 에너지 생산·공급의 지리적·기후적 제약을 극복할 가능성을 열어준다. 이와 같은 혁신은 안보·군사 영역에도 동일하게 적용된다. 오늘날 육·해·공군과 해병대에 더해 우주와 사이버라는 새로운 전장이 확장되면서, 개별 영역의 전투력보다 이들을 통합적으로 운영하는 능력이 더욱 중요해졌다. 이러한 통합

운용은 필연적으로 AI 의존도를 높이고 있다. 무기 개발과 운용 또한 예외가 아니다. 드론의 급속한 진화와 AI · 사이버전의 결합은 전쟁의 양상을 무인전장(無人戰場), 무인무기, AI 지휘체계로 전환시키고 있다. 더 나아가, 전통적 무력전보다 정보전의 중요성이 급격히 커지고 있다. 특히 적대국 내부의 교란 · 분열 · 붕괴를 유도하는 정보전은 AI가 결정적 역할을 하는 분야다. 이제 소규모 국가라도 AI 기술을 효과적으로 활용한다면, 대국의 힘을 억제할 수 있는 '촉 포인트(choke point)'나 '린치 핀(linchpin)'을 손에 쥘 수 있게 된 것이다.

도덕 선진국(善進國, 先進國)의 길 : 보편 윤리의 모범

태초에 우주가 탄생하고 호모 사피엔스가 등장한 이래, 인류 역사가 시작되어 오늘에 이르기까지 우리는 '자연과 인간'의 시대를 살아왔다. 그런데 이제 인간 진화의 최고 단계, 곧 인간의 두뇌가 만들어 낸 과학기술의 산물인 AI 특이점 시대의 개막으로, '자연 · 인간 · 그리고 인간 지능을 초월한 인공물'이 함께하는 3자 동행 시대에 진입하고 있다. 대한민국에 사는 우리는 이 상황을 어떻게 맞이할 것인가? 국가로서는 자강의 새로운 가치와 목표를 세워야 하고, 국민 · 시민으로서는 인공물과 공존하는 이 3자 동행 시대를 어떻게 살아갈 것인지 고민해야 한다.

우리는 심성, 도덕성, 보편 윤리의 측면에서 세계 시민들 중 가장 앞서 나가는 공동체가 되어야 한다. 인간 이성이 낳은 과학기술의 활용에서 우뚝 설 뿐 아니라, 인간의 심성과 도덕성 면에서도 더 높은 경지에 오른 개인들이, 그리고 그런 개인들로 이뤄진 더 많은 사회 공동체가 나타나야 한다. 그리하여 새로운 시대, 새로운 차원, 새로운 방식의 평화를 창조하는 데 있어서 이 땅의 국민들이 인류 공동체의 새로운 질서와 새로운 길을 개척하는 개벽(開闢)의 선구자가 되어야 한다. 인성(人性)과 도덕성은 인간을 가장 인간답게 만드는 것이다. 이것이 다른 생물 종과 인간을 구별하는 유일한 기준이다. 인간은 생물학적 동물의 한 종류지만, 동물로서의 인간을 뛰어넘는 무언가를 지녔다. 약 30만 년 전 현생 인류가 출현한 이래, 오랜 집단생활을 통해 인간만의 고유한 사회를 만들면서 동물적 한계를 넘어 형성된 것이 인간다움이다. 그것은 타고난 천재적 재능의 우수함이 아니라, 사랑과 자비, 그리고 인(仁)·의(義)를 중시하며 이타심을 실천하는 인성(人性)이다. 남을 이해하고 공감하며 남을 위해 자신을 희생할 수 있는 이타심, 그런 심성과 도덕성이야말로 인간됨의 가장 고귀한 측면이다. 이러한 심성은 종교로 나타났고, 나아가 인류 공동체의 '세계 공화국'이라는 꿈으로 이어졌다. 또한 집단적 양심과 규범에 입각한 자유롭고 민주적인 공동체와 국제기구를 발전시키려는 실험과 노력으로도 이어져 왔다.

그럼에도 불구하고 인간은 동물이기에, 이기적인 감성과 계산적인 이성, 그리고 이익 추구 본능이 인성 및 도덕성의 진전을 방해하는 일이 거듭되어 왔다. 앞으로도 이런 일은 계속될 것이다. 이것이 인간의 한계이기도 하다. 인성, 지성, 감성 간의 충돌은 인간의 영원한 숙제다. 한 인간의 내면에서도, 한 집단 —각종 사회 공동체나 국가 내부에서도— 그리고 그 밖의 영역에서도 마찬가지이다. 그렇기 때문에 AI 시대를 맞은 인간과 인류의 고민은 더욱 깊어질 수밖에 없다. 과연 이 초월적 새로운 창세기의 도구들을 인간과 인류의 평화의 길, 자연·인간·인공물이 공생하며 발전하는 길로 인도할 수 있을 것인가? 아니면 인간에 의한, 그리고 인공물에 의한 인류 불행의 빅뱅으로 이어지고 말 것인가?

1972년 환경 문제를 최초로 통계적·집합적으로 제기한 로마클럽의 보고서 『성장의 한계』 이후, 20년 뒤인 1992년에 이들의 평가 보고서라 할 『성장을 넘어서, 지구 파멸이냐 지속가능이냐(Beyond the Limits - Global Collapse or a Sustainable Future)』가 출간되었다. 이 보고서는 다음과 같이 경고한다. "사랑, 곧 형제애를 실천하는 인간의 능력을 거론하면 사람들은 진지하게 받아들이기보다 바보 취급을 한다. 가장 낙관적인 사람과 가장 비관적인 사람의 차이는 인간이 사랑을 바탕으로 집단적으로 행동할 수 있느냐 없느냐에 달려 있다. 개인주의, 경쟁, 냉소주의를 체계적으로 발전시키는 사회에서는 대중이 비관주의자가 된다. 비관주의는 현 사회 시스템에서 지속 불가능성의 최대 단일문제가 되고 있다. 지속가능성을 위한 혁명은 인간 본성 중에서 가장 선한 부분이 발휘될 수 있도록 사회를 변혁해야 가능하다."(p.233)

그로부터 다시 33년이 지난 오늘날, 우리는 환경 문제와 지구 온난화 문제를 낙관할 수 있는가? 여전히 비관적일 수밖에 없다. 결국 해답은 오로지 우리 인간이 인간성, 심성, 도덕성, 보편적 윤리를 얼마나 우세하게 발현시키느냐에 달려 있다. 인간의 지성과 이성이 만들어낸 과학기술에 물어서는 답을 구할 수 없다. 사회과학적으로 표현하자면, 세상은 시간이 갈수록 하드웨어나 소프트웨어보다도 '모럴 웨어'(도덕재(道德財))의 가치가 더욱 비싸지는 방향으로 가고 있다. 이제 우리 대한민국의 국민과 국가에 진정으로 필요한 것은, 바깥 세계와 내부 사정을 얼마나 잘 알고 분석해서 묘안을 짜내느냐 하는 이성적 접근에 앞서, 이 땅에서 인성과 도덕성의 첨성대(瞻星臺)를 얼마나 높이 쌓아 올리느냐 하는 점이다.

지금은 말세적 대반동의 시대다. 도덕을 잃은 권력자들과 무도한 집단들이 세계 권력의 정상에 올라 있다. 이러한 말세를 극복하고 새 AI 특이점 시대를 맞이하기 위해서는, 인간이라는 동물이 30만 년, 역사시대 5천 년 동안 축적해 온 인간성·도덕성으로, 그 가장 높은 인간다움으로 중무장하는 수밖에 없다. 인성과 인간다움에 대한 헌신을 다짐하면서, 대한민국 자강이라는 목표와 가치를 가슴에 품어야 한다. 그리고 머리와 손으로는 AI 특이점 시대의 초지능 과학기술 경쟁을 이겨내야 한다. 무엇보다 대한민국에 사는 인간들 —국민과 시민, 특히 국가와 사회 공동체의 정책 결정자들— 은 인성과 도덕성, 윤리에서 세계 최고 수준이 되는 것을 목표로 해야 한다. 그것이 바로 대한민국이 살아남는 길이다. 이 길만이, 새로운 인류 문제군의 초(超)집중 실험실이자 진앙지인 대한민국이 세계의 정의와 평화, 그리고 '세계 공화국'을 실현하는 길이기도 하다. 이것이 바로 탄허 스님이 일찍이 일깨운 '개벽(開闢)'의 길이며, 특이점 AI 시대에 인류와 인간이 나아가야 할 길이다.

제2부

보수 위기의 진단과 성찰

조영기 한반도선진화재단 사무총장

한국 보수는 건국과 호국, 산업화와 국가 발전의 주역이었지만, 지금은 방향과 정체성을 잃고 깊은 위기에 처해 있다. 과거의 성공 경험이 오히려 현실 변화를 읽지 못하게 했고, 권력 유지에 매몰되면서 국민의 신뢰를 상실했다. 본 장은 보수가 왜 위기에 빠졌는지를 정치·사회·이념 측면에서 진단한다.

첫째, 철학의 상실이다. 보수는 자유와 책임, 질서와 공동체라는 가치 위에서 성장했지만, 시간이 지나면서 그 철학이 공허해졌다. 경제성장의 성취에 안주하고, 도덕적 리더십과 공동체적 책임을 소홀히 하면서 실용과 효율의 논리에 갇혀 철학을 상실했다. 특히 청년세대에게는 기득권 수호 세력으로 비춰지며 도덕적 설득력을 잃었다. **둘째, 정치의 퇴행이다. 정당은 권력 중심의 계파 구조에 갇혀 국민과의 소통이 단절되었다.** 당내 민주주의가 약화되고, 정책보다는 인물 중심 경쟁이 반복되었다. 결과적으로 보수는 시대변화를 선도하기보다 현실 대응에 급급한 정당으로 인식되었다. 국민은 더 이상 과거의 공로를 이유로 보수를 선택하지 않는다. **셋째, 사회적 기반의 약화이다. 보수는 산업화 세대의 지지를 기반으로 성장했지만, 세대교체와 가치관의 변화에 대응하지 못했다.** 청년층은 공정과 자율을 중시하지만 보수는 여전히 서열과 권위에 머물러 있다. 또한 도시화와 다원화된 사회구조 속에서 지역·계층·세대 간의 균열을 통합하지 못했다. **넷째, 도덕성과 공공성의 결핍이다.** 권력 남용, 불투명한 정치자금, 지도층의 윤리적 타락은 보수의 도덕적 기반을 무너뜨렸다. 법치와 책임의 가치를 스스로 훼손하면서 국민의 신뢰를 잃었다. 도덕적 권위를 상실한 보수는 더 이상 헌법 질서와 법치의 수호자로 인정받지 못한다.

보수의 위기는 정당의 실패를 넘어서 철학·정치·사회 전반의 신뢰성에 대한 붕괴를 의미한다. 이를 극복하려면 과거의 성취보다 새로운 비전과 책임의 정치로 나아가야 한다. 자유와 공동체의 조화를 회복하고, 도덕성과 공공성을 바탕으로 신뢰를 재건할 때만 보수는 다시 국민의 선택을 받을 수 있다.

1. 한국 보수의 몰락

한국 보수는 건국 · 호국 · 산업화 · 민주화 · 선진화의 주역으로서 역사 발전에 큰 기여를 해왔고, 국민 역시 그 성과를 인정한다. 그러나 오늘의 보수는 국민으로부터 외면받고 있으며, "낡았다, 구태스럽다"는 인식이 굳어지고 있다. 국민은 보수의 역사적 기여를 기억하면서도, 다른 한편으로는 등을 돌리는 모순적 태도를 보이고 있다. 이제 보수가 다시 일어서기 위해서는 국민이 왜 보수를 떠났는지 원인을 냉정히 진단하고, 그에 맞는 신뢰 회복 전략을 마련해야 한다. 그 원인은 크게 가치적 요인, 내부적 요인, 외부적 요인에서 찾을 수 있다.

가치적 요인

정치에는 확고한 철학과 가치가 필요하다. 보수의 태두 에드먼드 버크는 "자유 없는 사회는 오래갈 수 없으며, 질서 없는 자유는 유지될 수 없다"고 역설했다. 급진적 사회주의의 창시자 마르크스조차 "철학의 부재는 정치의 부재를 낳는다"고 지적했듯이, 올바른 가치가 뒷받침되지 않으면 올바른 정치도 성립하기 어렵다. 한국 보수가 전통적으로 중시해온 가치는 '자유', '시장', '전통(역사)', '공동체', '애국심', '법치' 등이다. 이들은 국가 지속가능성의 기초이지만, 현실에서는 서로 충돌하거나 시대에 따라 강조점이 달라지기도 했다. 자유와 공동체의 균형처럼 난제가 많았으며, 보수는 이에 대한 지혜로운 조율을 항상 요구받아왔다.

광복 이후 보수가 강조한 가치도 시대에 따라 변천했다. 1950년대 건국과 6 · 25 전쟁 직후에는 자유민주주의 체제 수립과 북한 공산주의 세력의 위협 차단이 최우선 과제였다. 따라서 반공(反共)이 국가공동체 수호의 핵심 가치로 자리 잡았고, '자유 = 반공'이라는 이념적 기치가 대한민국 정통성을 상징했다. 그러나 당시 경제적 기반은 취약했고, 이를 극복하기 위해 자유와 시장 원리에 기반한 산업화가 추진되었다. 자유는 경제성장과 발전의 토대였고, 자유시장 체제는 반만년의 가난을 끝내는 데 결정적 역할을 했다.

하지만 시장경제는 소득 양극화라는 부작용도 낳았다. 국민 대다수는 생활수준이 높아졌음에도 불구하고 상대적 격차 확대에 따른 불평등을 체감했다. 이는 보수에게 형평성 문제 해결을 요구하는 사회적 신호였으나, 당시 보수는 적절히 대응하지 못했다. 산업화의 성공은 경제적 성과를 일구었지만 동시에 정치적 자유 요구로 이어졌다. 권위주의 정권 퇴진을 요구한 1980년대 민주화 운동은 부의 집중과 불공정 해소 요구이기도 했다. 그러나 민주화 이후 보수는 재벌 · 기득권 옹호 세력으로 각인되며 '불공정한 보수'라는 이미지를 드리웠다.

또한 민주화 세력 중 진보좌파의 일각은 건국 이후의 역사를 기술하면서 보수의 잘못과 과오에만 집중함으로써, 보수를 '역사의 주역'에서 '역사의 가해자'로 변질시켰다. 제주 4·3사건, 5·18 민주화운동 등에서 보수는 억압의 주체로 묘사되었고, 그 결과 건국·산업화의 업적은 축소되고 권위주의와 탄압, 기득권 옹호만 부각되었다. 산업화 시기 보수가 성장과 발전에 몰두하는 동안, 진보 세력은 역사 해석과 사회 담론을 장악하며 보수의 정통성을 약화시켰다. 유교적 질서를 비판하고 페미니즘을 앞세워 가족공동체의 기반을 흔들었으며, 학교 현장에는 반(反)자유·반(反)시장 담론이 확산되었다. 반면 환경 문제에는 적극 대응해 새로운 가치 영역을 개척하기도 했다. 이러한 흐름 속에서 보수가 전통적으로 지켜온 가치 담론은 점차 힘을 잃고 붕괴되었다. 요컨대, **시대변화에 맞추어 보수의 핵심 가치와 담론을 유연하게 재정립하지 못한 것이 오늘날 보수 몰락의 중요한 원인 중 하나라 할 수 있다.**

내부적 요인

한국 보수 위기의 많은 부분은 스스로 자초한 결과임을 겸허하게 받아들여야 한다. 도덕성과 책임감 상실, 기득권 이미지, 변화 대응력 부족, 극단화와 분열 등이 대표적 요인이다. 무엇보다 **박근혜·윤석열 두 전직 대통령의 탄핵은 보수에 치명적 상처를 남겼다.** 연이은 탄핵은 국민에게 보수가 도덕성과 집권 능력을 상실한 집단이라는 인식을 심어주었고, 탄핵 과정에서 드러난 내부 분열은 보수가 위기 상황에서도 단합하지 못한다는 사실을 노출했다. 이후 밝혀진 측근 비리, 권력 사유화, 사익 추구 등은 국민 신뢰를 더욱 무너뜨렸다. 보수는 또한 재벌·관료·영남 등 특정 집단의 이익을 대변한다는 이미지에 갇혀 청년·여성·사회적 약자를 대변하지 못했다는 비판을 받는다. 정경유착과 특혜 시비는 이러한 이미지를 굳히며 보수를 '국민 전체의 보수'가 아닌 '특정 집단의 보수'로 축소시켰다.

시대변화에 유연하게 대응하지 못한 것도 문제다. 보수는 산업화의 성공 모델에 안주한 채 기후변화, 젠더갈등, 디지털 전환, 인공지능 등 21세기 의제에 선제적 대안을 제시하지 못했다. 특히 AI와 4차 산업혁명으로 인한 일자리 상실, 인간 존엄 문제, 복지체계 개편 같은 새로운 도전에 대비하지 못한 채 성장을 강조하는 데 머물렀다. 핵심 가치에 대한 확고한 신념이 부족하다 보니 반대 세력의 공격에 흔들리며 보수의 가치는 점차 희석되었다. 분열과 갈등의 고질화도 심각하다. 온건 합리적 보수와 극우 보수 간의 대립, 지도자들의 막말과 선동은 전체 이미지를 손상시켰다. 탄핵 정국에서의 찬반 갈등, 선거 부정 논란 등은 보수를 끊임없이 싸우는 집단으로 보이게 했고, 청년층·중도층 확장의 기회를 가로막았다.

보수는 또한 국민을 설득할 서사와 소통 방식에서도 뒤처졌다. 좋은 정책을 내놓더라도 경직되고 추상적 언어에 머물러 국민의 공감을 얻지 못했다. 특히 디지털 환경에 익숙한 MZ세대는 이러한 낡은 접근에 강한 거부감을 드러냈다. 무엇보다 심각한 문제는 보수 스스로 위기를 제대로 자각하지 못한다는 점이다. 과거의 성과에 취해 여전히 자신들이 한국 사회의 주류라고 착각하면서 세상의 변화를 직시하지 못하고 있다. 이러한 안이한 현실 인식이 보수의 개혁과 혁신의 시도마저 가로막는 장애물이 되고 있다.

외부적 요인

보수 위기의 외부적 요인은 시대 변화와 사회 환경의 변화에 적응하지 못한 데서 비롯되었다. 사회는 끊임없이 변하고 국민의 의식과 가치관도 세대마다 달라진다. 특히 1987년 민주화는 한국 사회 전반의 인식을 전환시킨 분기점이었다. 그러나 보수는 달라진 국민 의식, 세대교체에 따른 가치관 변화, 그리고 역사 해석을 둘러싼 논쟁에 능동적으로 대응하지 못하며 위기를 심화시켰다.

민주화 이전 보수는 산업화를 주도한 성장과 발전의 주역으로 평가받았다. 그러나 민주화 이후에는 낡고 권위주의적이며 기득권을 옹호하는 세력으로 이미지가 바뀌었다. 반대로 민주화를 이끈 진보는 도덕적이고 진취적인 집단으로 호감을 얻으며, 사회 전반에 "보수는 구시대, 진보는 미래"라는 인식 구도가 자리 잡았다. 세대교체도 보수에 불리하게 작용했다. 전쟁과 가난을 경험한 기성세대가 생존과 안보, 성장을 중시했다면, 민주화 이후 성장한 청년세대는 공정, 정의, 다양성, 기후, 젠더 등 새로운 가치에 더 큰 비중을 두었다. 그러나 보수는 이러한 변화된 의제에 충분히 호응하지 못해 청년층의 지지를 끌어내지 못했다.

앞서 지적한 바대로, **현대사 해석을 둘러싼 갈등도 보수의 입지를 약화시켰다.** 진보좌파가 주도한 민중민주주의 사관이 사회 전반에 확산되면서, 보수는 건국·호국·산업화를 통해 세운 성과보다 권위주의와 기득권 옹호의 이미지로 각인되었다. 물론 냉혹한 이념 대립과 안보 위기 속에서 불가피한 선택이 있었음을 고려해야 하지만, 보수가 역사적 사실을 균형 있게 정리하고 설명하는 데 소홀했던 점도 부인할 수 없다. 그 결과 역사 해석의 주도권을 상실했고, 부정적 이미지가 누적되었다. 요컨대 가치적·내부적·외부적 요인이 맞물리며 오늘날 한국 보수는 국민 다수의 외면 속에 위기에 직면해 있다. 이제는 이러한 위기의 근본 원인과 구조를 냉철히 진단할 필요가 있다.

2. 한국 보수 위기의 본질

한 사회나 조직이 반복적으로 위기에 빠진다면 표면적 사건 이면에 구조적 문제가 있는 것이다. 한국 보수 역시 단발적 사건이 아니라 구조적 문제에서 비롯된 위기를 반복해왔다. 그 본질은 ① **취약한 정체성,** ② **권력 중심의 정치문화와 분열,** ③ **사회 변화와의 괴리로 요약된다.**

위기의 핵심

서구 보수 정당은 자유 · 시장 · 전통 · 책임 · 법치라는 보편적 가치에 뿌리를 두고 발전해왔다. 그러나 한국 보수는 반공 · 경제성장 · 안보라는 시대 과제를 해결하는 과정에서 형성되었기에, 확고한 이념적 기반보다는 실용적 이해관계에 기초한 측면이 있다. 그 결과 가치와 이념으로 결속하는 힘이 약했고, 보수 이념 교육과 담론 형성도 부족했다. 더구나 탈냉전 · 민주화 · 세계화 · 정보화 등 급격한 전환기마다 새로운 시대정신을 제시하지 못해 정체성의 공백이 발생했다.

또한 **한국 보수 정치는 가치보다 권력 획득 · 유지에 집중하는 경향이 강했다.** 선거 승리를 위해 특정 인물에게 세력이 쏠렸다가 흩어지는 일이 반복되었고, 그 과정에서 특권 · 부패 · 불공정 시비가 뒤따랐다. 바로 **계파정치의 폐해이다.** 계파는 흔히 정책이나 가치보다는 인물을 중심으로 형성되기 때문에, 계파 수장의 인기도와 정치적 흥망성쇠에 따라 당의 단합력이 출렁인다. **계파 간 경쟁은 당내 권력 투쟁으로 이어져 국민 눈에는 보수가 미래 비전이나 정책 경쟁보다 내부 자리다툼에 몰두하는 것으로 비친다.** 이러한 권력 중심의 계파정치는 필연적으로 심각한 내부 갈등과 분열을 낳았다. 선거 때마다 분열 → 패배 → 책임 공방 → 추가 분열의 악순환이 반복되면서, 앞서 언급한 대로 보수는 국민에게 늘 싸우는 집단으로 각인되었다. 이는 곧 중도층과 청년층이 보수를 기피하게 만드는 요인으로 작용했다. 또한 **보수가 지역주의에 의존해 영남이라는 특정 지역 기반에 안주한 것도 약점**이다. 이는 전국

정당으로의 외연 확장을 제약하고, 보수를 낡은 지역 기득권 세력으로 보이게 하여 시대 흐름에 뒤처진 이미지를 심화시켰다.

민주화와 세계화 이후 부상한 새로운 사회세력과 의제에도 보수는 대응하지 못했다. 청년, 여성, 중산층, 다문화 등 새로운 집단의 요구—청년의 일자리 불안, 여성의 경력 단절, 사회적 약자의 복지 필요—에 충분히 귀 기울이지 못했고, 정책 대안도 부족했다. 과거 지지층에 의존하는 행태는 보수를 국민 다수의 삶과 동떨어진 집단으로 인식하게 만들었다. 요컨대 한국 보수의 구조적 위기는 이념 기반의 취약성 → 인물·권력 중심 결속 → 내부 분열 심화 → 사회와의 단절이라는 악순환으로 이어져 왔다. 이를 해결하지 못한다면 위기는 되풀이될 수밖에 없다.

위기 반복의 악순환 구조

한국 보수의 위기는 일시적인 사건이 아니라 구조적 문제로 인해 주기적으로 반복되어 온 현상이다. 앞서 살펴본 핵심 요인들이 서로 맞물려 악순환 고리를 이루고 있으며, 형태만 달리할 뿐 비슷한 위기가 되풀이되곤 했다. 그 문제를 짚어보자.

보수는 여러 차례 정권을 획득하며 한국 현대사의 주도 세력으로 자리해왔다. 박정희 대통령은 군부를 기반으로 집권했지만, 강력한 리더십 아래 경제개발 5개년 계획을 추진하며 산업화라는 위대한 서사를 만들어냈다. 반세기 넘게 지속된 가난을 극복하고 대한민국을 압축

성장의 길로 이끈 점에서 그의 집권기는 보수의 긍정적 유산으로 평가된다. 반면 전두환 대통령의 집권은 군사 쿠데타와 5·18 민주화운동 탄압이라는 어두운 그림자를 남겼다. 물가안정 등 경제안정에 기여한 점은 있지만 민주주의의 진전을 지연시켰고, 권위주의와 인권 탄압의 상징으로 각인되었다는 점에서 보수의 역사에 깊은 상처로 기록된다. 이후 김영삼 대통령은 문민정부를 출범시키며 군부 권위주의를 청산하고 보수 정당에 민주적 정당성을 부여했다. 이명박과 박근혜 정부는 경제성장, 사회 안정, 안보 강화를 내세워 집권했다. 윤석열 정부는 정권교체와 부패 척결 그리고 '공정과 상식'에 대한 국민적 기대 속에서 출범했다. 이렇듯 한국 보수는 각 시대의 요구에 부응하는 인물과 구호를 내세워 국민적 지지를 결집하며 권력을 잡아 왔다.

그러나 집권 이후에는 정책 실패와 부정부패가 반복적으로 드러나면서 국민 신뢰가 흔들리기 시작했다. 김영삼 정부는 금융실명제와 군부 청산 같은 성과에도 불구하고 외환위기를 막지 못해 경제관리 실패의 오명을 썼다. 이명박 정부에서는 해외 자원외교의 비효율과 특혜 시비로 비판을 받았다. 박근혜 정부는 최순실 국정농단과 세월호 참사 대응 실패로 국민적 분노를 불러일으켰다. 윤석열 정부는 느닷없는 계엄 선포로 정치적 혼란과 민주주의를 후퇴시키며 탄핵에 이르렀다. 이 같은 사건들은 보수에 대한 "무능하고 부패하다"는 인식을 굳혀버렸다.

정책 실패와 부패가 불거질 때마다 국민의 불신은 커졌고, 대규모 시위와 촛불집회 같은 사회적 갈등으로 이어졌다. 그러나 보수는 이런 위기 상황에서 국민 신뢰를 회복하기보다 오히려 내부 갈등으로 흔들리기 시작했다. 책임 공방과 계파 갈등이 격화되면서 보수는 반복적으로 분열했고, 그 결과 정권을 잃는 일이 되풀이되었다. 친이‑친박 갈등, 박근혜 탄핵 이후 자유한국당과 바른정당으로의 분열, 윤석열 대통령 탄핵 국면에서의 친윤‑비윤 갈등이 대표적인 사례다. 그 결과 보수가 배출한 대통령 두 명이 임기를 채우지 못하고 퇴진하는 초유의 사태까지 빚어졌다.

정권을 내준 뒤에도 철저한 반성과 쇄신은 부족했다. 두 번의 탄핵 사태 이후에도 냉정한 자체 평가 없이 넘어갔다. 국민 앞에 납득할 만한 혁신안을 내놓지 못한 채 내부 다툼만 반복했다. 이런 태도는 국민에게 더 큰 실망을 안겼다. 결국 보수는 위기 때마다 당내 인재와 비전보다는 외부에서 대중적 인기를 얻은 인물을 영입해 돌파구를 찾는 방식으로 재결집해왔다. 그러나 이러한 **인물 중심의 전략은 단기적으로는 승리를 안겨주었지만, 장기적으로는 보수가 스스로 비전을 창출하지 못하고 외부 의존에 갇히는 구조를 고착시켰다.** 그 결과 '불임 정당'이라는 비판까지 뒤따르게 되었다. 이러한 과정이 곧 한국 보수 위기의 악순환 구조로 굳어졌다. 한 번 고리가 시작되면 매번 유사한 궤적을 그리며 위기가 반복되고, 이를 끊어내지 못한 채 악순환이 이어졌다. 보수가 진정으로 재건되기 위해서는 이 구조적 악순환을 어떻게 단절할 것인가에 대한 근본적 해법이 필요하다.

3. 한국 보수에 대한 민심 이탈 현상과 과제

현재 한국 정치 지형에서 보수에 대한 민심의 이탈은 심각한 수준으로 평가된다. 앞서 살펴본 여러 요인으로 인해 보수 정당은 청년층과 중도층은 물론 상당수 국민에게서 신뢰를 잃고 지지 기반이 약화되었다. 이러한 민심 이탈의 주요 원인으로 ① **보수 담론의 붕괴, ② 청년층·중도층 이탈, ③ 극우 포퓰리즘 득세 등이 거론된다.** 이제 각각의 현상과 이에 대한 과제를 살펴보겠다.

보수 담론 붕괴 현상과 공동체자유주의 구현

사회가 건강하게 발전하려면 개혁과 보존의 힘이 균형을 이루어야 한다. 그러나 보수는 시대 변화에 맞는 새로운 담론을 제시하는데 역부족이었다. 냉전기에는 반공 담론이 힘을 발휘했지만 탈냉전 이후 설득력을 잃었고, 시장 중심 성장 담론은 양극화 심화로 설득력을 잃었다. 공동체와 질서의 가치는 권위주의의 잔재와 맞물리면서 퇴색됐으며, 도덕성과 책임론마저 두 차례의 대통령 탄핵과 잇단 부패 사건으로 무너졌다. 그 결과 보수는 '수구·기득권·부패'라는 어두운 그림자를 남겼다.

따라서 새로운 담론 창출은 보수 생존의 절대 과제라 할 수 있다. 자유, 책임, 시장, 공정, 공동체 등 전통적 가치는 여전히 사회를 지탱하는 근본 원리이므로, 이를 현대적 맥락에서 재해석하고 종합할 필요가 있다. 그 핵심 비전이 바로 '공동체자유주의'이다. 공동체자유주의는 개인의 자유를 최대한 존중하면서도 공동체적 가치를 함께 지켜내려는 사상이다. 이는 자유와 공동체를 대립적으로 보지 않고, 서로를 보완하는 관계로 파악한다. 다시 말해 **자유가 공동체의 유대를 강화하고, 공동체가 개인의 자유를 지탱하는 선순환을 지향하는 것**이다.

공동체자유주의는 다섯 가지 원칙으로 구체화된다. 첫째, 미래세대를 최우선에 두어 현재의 편의보다 다음 세대의 자유와 기회를 중시한다. 둘째, 생산적 공정성을 실현하기 위해 특권과 과잉 규제, 담합을 거부하며 성장과 공정을 동시에 추구한다. 셋째, 제도의 운영은 단기적 인기나 시혜가 아니라 유인(incentive)에 기초한 포용적 제도를 통해 지속가능성을 담보해야 한다. 넷째, 사회적 연대 차원에서는 약자를 시장 안에서 보호하며 가족·학교·역사·환경과 같은 건강한 공동체를 복원하는 것을 중시한다. 다섯째, 국가안보는 단순한 반공 구호를 넘어 '내 나라와 내 아이를 지킬 실질적 힘'을 기르고, 잘못된 이념을 단호히 거부하는 데 초점을 맞춰야 한다.

이러한 원칙들을 토대로 보수는 4차 산업혁명과 AI 시대에 부합하는 정책 비전을 구체화해야 한다. AI로 인한 고용 충격에 대비한 복지 개혁, 기후 변화 대응, 사이버 안보와 디지털 질서 확립은 대표적 과제다. 동시에 지도자의 도덕성과 책임정치를 회복해 '말이 아닌 실천으로 신뢰를 보여주는 보수'라는 이미지를 국민에게 심어야 한다. 새로운 담론과 가치, 그리고 이를 뒷받침하는 정책 실천이 뒷받침될 때 비로소 보수는 무너진 신뢰를 회복하고 국민적 지지를 다시 얻을 수 있을 것이다.

청년층·중도층 이탈 현상과 과제

청년층의 보수 이탈과 중도층의 외면은 오늘날 보수가 직면한 위기를 가장 직접적으로 보여준다. 이들의 마음을 되돌리지 못한다면 보수의 재도약은 불가능하다. 따라서 왜 청년과 중도가 등을 돌렸는지를 정확히 진단하고, 이를 다시 끌어오기 위한 전략을 마련해야 한다.

청년층이 보수에 등을 돌린 가장 큰 이유는 공정에 대한 갈증과 세대 간 불평등 문제 때문이다. 청년들은 능력주의와 공정한 기회를 중시하며 과정의 투명성과 정당성을 무엇보다 중요하게 여긴다. 그러나 보수는 채용 비리, 병역 특혜, 정치인의 특권 의식 등으로 불공정 이미지를 자초했고, 취업난과 주거난, 자산 격차 확대 속에서 청년들의 좌절을 해소할 충분한 해법을 제시하지 못했다. 그 결과 청년들은 보수를 기득권을 지키는 낡은 집단으로 인식하게 되었다.

하지만 청년층은 특정 정당에 영구적으로 얽매이지 않고 정책과 후보에 따라 유연하게 움직이는 세대이기에, 보수의 노력 여하에 따라 다시 지지를 회복할 여지는 얼마든지 남아 있다. 이를 위해 보수는 무엇보다 공정의 가치를 재정립하고, 세습적 특권과 불공정을 타파하는 강력한 개혁 의지를 진정성 있게 실천으로 보여주어야 한다. 동시에 청년 주거·일자리·교육 등 현실적 문제에 실효성 있는 해법을 제시하고, 디지털 혁신과 스타트업 활성화 같은 새로운 기회의 창을 열어 주어야 한다. 더 나아가 청년을 단순한 지지층이 아니라 정당의 주역으로 인정하고, 의사결정 구조에 청년들의 목소리를 반영하는 포용적 리더십을 확립해야 한다.

중도층 역시 보수의 외면을 불러온 중요한 집단이다. 중도층은 특정 이념에 치우치지 않고 상황과 사안에 따라 실용적 해법을 찾는 합리주의적 성향을 지니며, 경제성장과 분배, 안보와 평화, 자유와 복지의 균형을 중시한다. 그러나 보수는 오랫동안 안보·이념·성장 일변도의 메시지에 치중해 중도층의 기대를 충족시키지 못했다. 진영 대결에만 매달리는 모습은 중도층의 피로감을 심화시켰다. **보수가 중도층의 신뢰를 회복하려면 자유와 책임이라는 전통 가치에 공정과 포용의 가치를 결합한 균형 잡힌 노선을 확립해야 한다.** 즉, 시장의 힘을 존중하면서도 필요한 경우 국가의 조정과 사회 안전망을 활용해 공동체의 안정을 도모하는 '포용적 보수주의'로 전환해야 한다. 이는 곧 공동체자유주의가 지향하는 '자유 속의 공동체, 공동체가 지탱하는 자유'라는 비전과 맞닿아 있다.

결국 **보수가 청년층과 중도층을 다시 끌어들이기 위해서는 극단적 대립을 지양하고 문제 해결 중심의 정치를 보여주어야 한다.** 청년에게는 공정한 기회와 미래의 희망을, 중도층에게는 실용적 해법과 품격 있는 정치 문화를 제시해야 한다. 이를 통해 보수는 수구와 기득권의 이미지에서 벗어나 '자유와 공동체를 아우르는 책임 있는 대안 세력'으로 거듭날 수 있을 것이다.

극우 포퓰리즘의 현황과 극복 방안

최근 보수 진영 내부에서 가장 우려되는 현상 중 하나는 극우 성향의 포퓰리즘이 득세하고 있다는 점이다. 한국 정치 전반에서도 포퓰리즘은 문제시되지만, 특히 감정적 선동에 기대는 극우 담론이 보수의 목소리를 대변하는 양 포장되는 것은 심각한 위험 요소다. 오늘날 유튜브나 SNS 같은 뉴미디어 공간에는 극우 성향 채널들이 다수 존재하며, 이들은 합리적 논의보다는 과장된 반공 선동, 외국인 혐오, 과격한 반(反)페미니즘 담론 등 자극적인 콘텐츠로 조회수를 끌어모으며 영향력을 확대해왔다. 문제는 이런 단기적 결집 효과가 장기적으로는 보수 전체를 과격하고 편협한 세력으로 낙인찍게 만들고, 청년층과 중도층을 멀어지게 한다는 데 있다. 나아가 혐오와 분노에 기댄 극단적 포퓰리즘은 민주주의 시스템 자체를 훼손하고, 타협과 공존의 정치를 불가능하게 만든다는 점에서 매우 위험하다.

보수 진영이 극우 포퓰리즘을 방치한다면 외연 확장은커녕 기존의 합리적 지지층마저 잃을 수 있다. 따라서 보수는 극단적 선동과 명확히 선을 긋고 건전한 보수 정통성을 회복해야 한다. 이를 위해서는 **첫**

째, 자유민주주의와 헌법 가치에 어긋나는 극단적 주장은 보수의 이름으로 발붙이지 못하도록 해야 한다. 전통과 질서, 예의와 품격을 중시하는 보수의 미덕을 되살리고, 이를 바탕으로 한 온건하고 이성적인 정책 노선을 공식 입장으로 확립해야 한다. 둘째, 국민 사이에 존재하는 분노와 불만을 단순 선동이 아니라 제도권 정치와 정책 개혁의 동력으로 승화시켜야 한다. 예컨대 특권과 불공정에 대한 분노는 반부패 개혁으로, 불안한 사회 현실은 실효적 치안·안보 정책으로 연결해야 한다. 셋째, 보수 내부에도 자정 능력을 세워 막말·혐오 발언에 엄정히 대처하고, 품격 있는 토론 문화와 미디어 가이드라인을 마련해 스스로 성숙해지는 모습을 국민 앞에 보여야 한다. 보수가 가치로 삼는 예의, 품격, 책임의 문화를 정치 전반에 스며들게 함으로써, 극단으로 흐르는 세력을 내부에서부터 교정해야 한다. 이러한 리더십이 발휘될 때 국민은 비로소 "보수도 스스로 잘못을 고치고 성숙해질 수 있구나"라고 믿게 될 것이다.

요컨대 극우 포퓰리즘과 결별하고 합리적이고 품격 있는 보수 정치를 복원하는 것은 보수의 생존을 위해 필수적이다. 단기적 표 계산에 매달려 극단에 기대는 유혹을 뿌리치고, 긴 안목에서 청년과 중도를 아우르는 책임 있는 보수의 노선을 확립해야 한다. 그것이야말로 한국 보수가 위기에서 벗어나 국민의 신뢰를 되찾는 길이며, 미래로 나아가는 출발점이다.

이상에서 살펴본 한국 보수의 위기 원인 진단과 민심 이탈 현상, 그리고 대응 과제를 종합해보면 결론은 명확하다. 보수가 변화해야 산다. 과거의 영광에 안주하고 내부 결속만 바라봐서는 더 이상 국민의 마음을 얻을 수 없다. 스스로 환부를 도려내는 혁신과, 시대에 맞는 가치와 비전의 제시를 통해서만 한국 보수는 새로운 신뢰를 쌓을 수 있을 것이다. 국민은 여전히 건전한 보수 정치의 역할을 기대하고 있다. 그 기대에 부응하기 위해, 이제 보수가 과감히 환골탈태하여 미래로 나아갈 때다.

제3부

보수의 재건과 공동체자유주의

이용환 한반도선진화재단 이사

보수주의는 전통을 존중하면서도 시대변화를 수용하는 철학이다. 에드먼드 버크로부터 이어진 보수의 정신은 자유, 법치, 책임, 공동체의 조화를 중시한다. 그러나 오늘날 한국 보수는 이러한 가치의 균형을 잃고 정체성의 혼란 속에 있다. 본 장에서는 보수가 회복해야 할 철학적 기반과 공동체자유주의와의 연계 속에서 새로운 방향을 모색한다.

첫째, 보수주의의 본질과 현대적 의미이다. 보수는 자유와 사유재산을 핵심으로 하되, 그 자유는 방종이 아닌 책임이 따르는 자유이다. 또한 전통과 질서를 존중하되, 낡은 것은 고치고 시대의 변화에 맞게 조화시킨다. 러셀 커크가 말한 것처럼 보수는 이념이기 보다 사회를 바라보는 태도이며 급진적 이상보다 유기적이고 점진적 변화를 중시한다. **둘째, 공동체자유주의와의 연계이다.** 공동체자유주의는 개인의 자유와 공동체의 조화를 동시에 추구하는 사상으로, 보수주의의 철학을 현대적으로 확장한다. 자유가 무제한으로 확대되면 방임이 되고, 공동체가 과도하면 전체주의로 흐른다. 따라서 자유와 공동체는 상호보완적 관계에 있으며, 이 균형이 공동체자유주의의 핵심이다. 정치적으로는 민본적 민주주의, 경제적으로는 공정한 시장과 사회안전망,

사회적으로는 예치(禮治)와 정의의 조화를 지향한다. **셋째, 한국 보수주의의 형성과 과제이다.** 한국의 보수는 이승만 대통령의 자유민주 체제 수립과 박정희 대통령의 산업화로 이어진 건국과 근대화의 역사 속에서 형성되었다. 그러나 이후 시대변화에 걸맞은 철학과 정책을 제시하지 못하며 침체에 빠졌다. 물질적 풍요 속에 공동체 정신이 약화되고, 청년 세대와의 단절이 심화되었다.

이제 보수는 자강·도덕·공동체의 가치로 국민의 신뢰를 회복해야 한다. 오늘의 한국적 상황에서 보수의 핵심 가치는 자유, 인권, 삼권분립, 법치주의, 시장경제, 사유재산 보호이다. 이들을 지켜나가는 '책임지는 보수', '국민과 함께하는 보수'여야 한다. 보수의 사명은 전통을 지키되 시대변화를 수용하며 때로는 혁신과 개혁을 선도해야 한다. 자유와 책임, 도덕과 품격의 조화를 통해 공동체자유주의적 보수로 거듭날 때, 한국 보수는 분열과 위기를 넘어 국민과 함께 미래를 설계하는 이념적 리더십을 되찾을 수 있다.

1. 보수주의의 철학과 시대적 소명

보수주의의 본질과 현대적 의미

'보수(保守)' 혹은 보수주의라는 말은 우리에게 낯설지 않다. 정치적
으로는 '보수 대 진보'라는 이념 구도 속에서 자주 쓰이고, 일상적으로
도 "그는 보수적이다"라는 표현을 흔히 접한다. 그러나 보수라는 말에
는 때로 변화를 거부하는 '수구(守舊)'나 '꼰대' 같은 부정적 뉘앙스가
섞여 있다. 따라서 보수주의를 어떻게 정의하느냐에 따라 전혀 다른
인상을 줄 수 있다.

**보수주의의 진정한 의미는 변화 자체를 거부하는 것이 아니라, 전통을
존중하면서도 변화와 조화를 이루려는 데 있다.** 이는 18세기 말 영국의
사상가 에드먼드 버크로부터 이어져 내려오는 보수주의 정신이며, 오
늘날까지 계승되어 오고 있다. 보수주의가 200년 넘게 지속된 까닭은
자유, 헌정 체제, 사유재산 존중 등 그 핵심 가치가 시대를 넘어 보편
적 설득력을 지니기 때문이다.

보수는 자유와 사유재산이 불가분의 관계에 있다고 본다. 자유가 창
의성과 혁신유발로 사유재산형성에 기여하지만 사유재산이 없으면
자유도 제약받기 때문이다. 사유재산은 단순한 물질적 소유가 아니라

책임과 성실을 강조하는 제도적 장치이자 시장경제의 동력이다. 동시에 보수는 전통·역사·규범을 존중하고 겸손과 신중함을 덕목으로 삼는다. 그렇다고 시대 변화를 거부하지 않는다. 오히려 변화 속에서 전통의 가치를 살리고 낡은 것은 고치며 새로운 질서를 만들어가는 태도가 보수의 진면목이다.

보수주의를 이해하는 시각은 크게 두 가지다. 하나는 보수를 "급격한 변화보다 전통을 중시하고 점진적 개혁을 선호하는 태도"로 보는 관점이다. 러셀 커크(Russell Kirk)는 『보수의 정신』에서 보수주의를 "이데올로기라기보다 사회를 바라보는 마음가짐, 세상을 대하는 태도"라고 규정했다. 그는 특히 보수주의는 유토피아식의 획일적·추상적 미래 청사진을 그려서는 안 된다고 강조했다. 그러나 동시에 커크는 보수주의가 단순히 현상 유지에 머무는 것이 아니라, 가치 지향성과 원칙을 가지고 전통·관습·종교·도덕 같은 '영속적인 것들'(permanent things)에 대한 존중을 바탕으로 유기적이고 점진적 변화를 추구하는 것이라고 보았다. 또 다른 관점은 보수주의를 자유주의나 사회주의처럼 일관된 가치와 원칙을 지닌 하나의 이념으로 분류하는 시각이다. 두 접근 모두 공통적으로 강조하는 것은 보수주의 원칙은 시대와 상황에 따라 유연하게 적용되어야 한다는 점이다.

역사 속 보수주의의 실제 전개도 이를 잘 보여준다. 영국의 보수주의자들은 왕정을 지지했지만, 미국의 보수주의자들은 건국 과정에서 공화정을 선택했다. 보수는 원칙적으로 전통을 옹호하고 점진적 변화를 추구하지만, 필요할 때는 과감한 개혁에 나서기도 했다. 한국의 박정희 대통령이 산업화를 통해 농경사회를 산업사회로 전환시킨 것이 대표적이다. 그리고 영국의 마거릿 대처 수상과 미국의 로널드 레이건 대통령이 시장과 국가의 역할을 재조정하며 강력한 개혁을 이끈 것도 같은 맥락이다.

결국 보수주의는 '지키되 고치는 것'이다. 전통과 규범을 존중하면서도(보수: 保守), 시대가 요구할 때는 과감한 변화와 개혁을 수용하여(보수: 補修) 사회의 안정과 발전을 동시에 추구한다. 이 점이야말로 보수주의가 단순한 과거 지향이 아니라 현실에 맞게 개선·보수해감으로써, 오늘날에도 여전히 유효한 사상임을 보여 준다.

보수주의와 공동체자유주의의 연계

보수주의는 인간의 본성을 지나치게 선하거나 합리적이라고 보지 않는다. 대신 자유, 도덕, 전통을 존중하며 겸손과 신중함의 덕목을 중시하고, 자발적 공동체의 가치를 옹호한다. 여기서 말하는 자유는 개인주의적 방종이 아니라 질서와 의무가 결합된 절제된 자유, 곧 책임이 따르는 자유다. 보수주의는 법 앞의 평등은 인정하되, 결과의 평등을 강제하는 사상에는 비판적이다. 점진적 변화를 선호하지만 그것만을 고집하지 않으며, 때로는 변화를 쇄신의 과정으로 받아들이기도 한다. 한국의 산업화 과정이 그러하다.

보수주의는 자유·민주·공화의 헌정 질서를 중시한다. 권력분립과 법치주의, 규범을 존중하며 권력의 자제를 강조한다. 계약과 사유재산권 보호, 시장 기능을 존중하는 것도 같은 맥락이다. 부자와 빈자의 차이는 자연스러운 것으로 인정하되, 지도층에게는 사회적 책임을 다하는 노블레스 오블리주(Noblesse oblige)를 요구한다. 또한 보수주의는 추상적 이념이나 논리 만능주의를 경계하며, 다양성과 구체성을 중시한다.

이러한 맥락에서 공동체자유주의의 가치와 비교해보면 유사성과 상보성이 뚜렷하다. 공동체자유주의는 개인의 존엄과 자유를 바탕으로 하되, 가족 · 사회 · 국가 · 역사 · 자연 등 다양한 공동체의 가치를 동시에 중시한다. 환언하면 공동체자유주의는 개인의 존엄과 자유를 기본으로 하고 존중하되 이웃과 타인에 대한 배려와 포용으로 공동체의 소중함도 함께 중요시 한다.

공동체자유주의의 핵심은 자유주의이다. 그러나 자유가 지나치면 방종이나 방임으로 흐르게 되고 이것이 과도하면 자기의 이익만 생각하고 약자의 고통은 외면하게 된다. 이렇게 되면 약육강식의 사회가 되고 우리가 살고 있는 건강한 공동체의 가치가 훼손됨은 물론 그 연대를 약화시킴으로써 종국에는 자유도 공동체도 지키지 못하게 된다. 이렇듯 자유가 제약되면 공동체 역시 제대로 작동하지 못하고 동시에 공동체가 파괴되면 개인의 자유도 누릴 수 없게 된다.

본래 자유주의는 인간 개개인의 존엄 · 자유 · 창의를 가장 중요하게 보는 사상이다. 개인의 자유로운 창의적 사고와 행동이 오늘날 인류가 이룬 발전과 진보의 동인으로 작용했다. 이것이 '개인과 국가 발전의 원리'로 삼고자 하는 이유인 동시에 인류가 자유를 확대·신장시키려고 지속적으로 노력하는 이유이다. 그렇다고 자유를 무한정 확대시키려는 것이 아니다. 자유에는 책임이 따른다. 그래서 일정한 제약이 있다. 타인의 자유를 침해하지 않고, 공동체를 약화시키지 않고 나아가 법의 준수라는 세 가지 책무이다.

공동체 역시 마찬가지이다. 공동체가 지나치게 강조되면 개인의 자리에 전체나 집단이 들어서게 된다. 이런 사회에서는 개인의 자유와 인권 대신 강압과 명령에 복종하는 공산주의와 전체주의가 등장한다. 이렇게 되면 개인의 존엄과 자유는 물론 배려, 포용, 협력, 사랑의 공동체 정신은 사라지고 대신 그 자리에 국가나 집단에 의한 강제가 들어선다. 이렇듯 자유주의나 공동체주의가 어느 한쪽으로 지나치게 강조되면 자유주의도 공동체주의도 존재하기 어렵게 된다. 따라서 자유주의와 공동체주의는 상호 보완적이어야 하고 이것이 바로 우리가 추구하고자 하는 공동체자유주의이다.

한편 공동체를 소중히 한다는 것은 각 공동체가 갖고 있는 본래의 가치를 신장시키고 그 목적을 성취할 수 있도록 돕고자 하는 의미이다. 이를테면 가족에는 가족의 가치가 있고 사회와 국가 또한 자신의 고유한 가치가 있다. 우리가 살면서 만들고 쌓아가고 있는 역사나 문화에도 나름의 가치와 목적이 있다. 이런 공동체 본연의 가치와 목적이 방해받지 않고 각각의 특성에 맞게 존중되고 성취되도록 돕는 것이 공동체를 소중히 해야 한다는 본뜻이다. 바로 이것을 '공동체 완성의 길'로 본다.

인간은 사회적 동물이라는 말처럼 개인 홀로서는 온전한 삶을 살아갈 수 없다. 인간이 존재의 의미를 느끼는 것은 오로지 타인과의 관계와 상호작용에서이다. 이를 통해 자신의 정체성을 갖게 되고 행복을 느끼게 된다. 이렇듯 행복은 홀로서는 느낄 수 없고 타인과의 관계에서 느낄 수 있다. 이것이 공동체주의를 '행복의 원리'로 보는 이유이다. 국민통합 역시 공동체적 가치와 연대가 존중될 때 가능하다. 서로 갈등하고 분열하면 통합은 멀어지고 대립은 더욱 맹렬해진다. 그렇게 되면 국민통합은 더욱 멀어진다. 그래서 공동체를 소중히 하는 것, 바로 이것이 '국민통합의 원리'로 작용해야 한다고 주장한다.

재삼 강조하지만 인간은 자유의지를 지닌 존엄한 존재인 동시에 함께 살아가는 공동체적 존재이며, 자연 속에서 인간을 보고 인간 속에서 자연을 바라보는 세계관을 지닌다. 역사와 문화의 맥락 속에서 개인과 공동체를 이해하며, 그 자긍심에서 애국심이 솟아난다고 본다. 이런 연유로 공동체주의는 '개인의 행복과 국민통합의 원리'라고 할 수 있다.

공동체자유주의를 주요 영역별로 살펴보면, 정치는 인간 개인의 자유 영역의 확대와 개인의 이익과 공동체의 이익의 조화를 목표로 국민 권익을 최우선으로 하는 민본적 민주주의를 지향한다. 경제는 자유롭고 공정한 시장 질서를 기반으로 하되, 협력적 산업정책과 사회안전망을 조화시켜 품격 있는 인본적 시장경제를 추구한다. 사회는 정의와 법치를 기초로 하면서도 예의와 덕목을 중시하는 예치(禮治)를 강조한다. 교육은 도덕과 인성교육을 통해 인격을 완성하는 동시에 지식과 직업교육을 통해 공동체에 기여하는 '홍익인간'의 이상을 지향한다.

개략적으로 살펴본 바와 같이 보수주의와 공동체자유주의는 핵심 가치와 목적에서 깊은 접점을 이룬다. 공동체자유주의는 보수주의의 전통적 기반을 보다 포괄적이고 전략적인 차원에서 확장하며, 이를 현대적으로 재해석하고 넓혀낸다. 따라서 한국 보수는 공동체자유주의와의 연계를 통해 새로운 시대적 소명에 부응하는 재도약의 비전을 마련해야 한다.

건국과 산업화를 이끈 한국 보수주의

한국의 보수주의는 서구의 전통적 보수주의와는 뚜렷한 차이가 있다. 서구의 보수주의가 신의 섭리와 왕정과 귀족사회의 전통에 뿌리를 두었다면, **한국의 보수주의는 농경사회 속에서 형성된 공동체 의식에 기반한다. 가족주의, 계서주의, 유교와 불교의 전통, 두레와 품앗이, 이웃사촌 정신이 그 원류**라 할 수 있다.

현대적 의미의 한국 보수주의는 해방 이후 본격적으로 자리 잡았다. 그 뿌리는 이승만 초대 대통령과 박정희 대통령에게서 찾을 수 있다. 1945년 해방과 함께 자유민주주의 체제가 도입되면서 보수주의는 움

트기 시작했다. 이승만 대통령은 기독교적 사랑을 바탕으로 국민통합을 도모하며 동시에 강력한 반공 기치를 내걸었다. 이는 대한민국 보수의 원류로 작용했고, 오늘날까지도 기독교적 가치와 정신은 보수의 중요한 축으로 이어지고 있다.

1950년대 6·25전쟁은 국가 생존의 위기를 각인시켰고 안보를 최우선 가치로 삼게 했다. 1960년대 박정희 대통령은 경제개발계획을 추진하여 농경사회의 의식을 산업화 시대로 전환시켰다. 그는 단순한 점진적 발전을 넘어 빨리빨리 의식을 유발한 속도지향의 압축 성장을 추진했다. '새마을 운동'을 통해 정신 개혁과 물질 개혁을 병행하며 시대를 바꾸는 대전환을 이루었다. 반공은 다시금 국시로 강조되었고, 안보와 경제는 한국 보수주의의 핵심 이념으로 자리매김 했다.

정부는 '경제개발 5개년 계획'을 통해 기업 활동을 제도적으로 뒷받침했고, 기업과 근로자는 '경제발전'이라는 공동 목표 아래 자기 역할에 최선을 다했다. 산업화의 성공은 정부·기업·근로자의 협력에 기초했지만, 그 밑바탕에는 국가의 권위, 애국심, 효, 교육열과 같은 보수적 가치가 있었다. "잘 살아보세!, 우리도 할 수 있다!"는 구호는 국민적 자신감을 고취시키며 시대의 비전으로 작동했다. 이 과정에서 근면, 성실, 절약, 헌신, 청렴과 같은 보수적 덕목이 사회 전반에 확산되었고, 이것은 사회 안정은 물론 국가안보와 경제성장을 이끄는 원동력이 되었다.

이렇듯 **한국의 보수는 남북한 대치 상황에서 국가안보와 반공 이념에**

투철했고, 가난 극복을 위한 경제개발 전략으로 산업화에 성공하며 선진국에 이르는 길을 놓았다. 무엇보다 이승만 대통령은 공산주의 위협 속에서 자유민주주의 체제를 굳건히 세우고 대한민국의 기초를 닦은 건국의 아버지였다. 이어 박정희 대통령은 가난을 운명으로 여기던 민족에게 산업화와 근대화를 통한 자립의 길을 열어주며, '한강의 기적'이라는 세계사적 성취를 이끌어낸 지도자였다. 이 두 분의 위업은 한국 보수주의의 정통성과 정체성을 상징하는 역사적 금자탑으로 오늘날 우리가 누리는 자유와 번영의 토대가 되었다.

2. 보수가 지향해야 할 국가적 과제와 전략

보수의 성찰과 시대적 과제

성공의 이면에는 늘 위험이 도사리고 있다. 한국의 보수는 산업화와 근대화를 통해 선진국으로 가는 길을 닦았지만, 그 이후 **새로운 시대 변화에 걸맞은 패러다임을 제시하지 못했다.** 보수 정당 역시 선진화된 국가를 이끌 철학과 전략을 세우지 못했고, 정책 또한 변화하는 환경에 제대로 대응하지 못했다. 물질적 풍요는 이루었으나 정신적 성장은 답보 상태에 머물렀다. 경제우선주의는 물질만능주의로 변질되면서

협력과 배려, 포용의 공동체 정신 대신 각자도생의 행태를 낳았다. 이는 빈부격차 확대와 사회 갈등의 한 요인으로 작용했다. 해방 직후의 이념 갈등, 경제개발 과정에서의 빈부갈등, 선거 과정에서의 지역갈등에 더해 사회 갈등을 치유하지 못한 것은 보수의 뼈아픈 한계라 할 수 있다. 물론 진보도 예외는 아니다.

경제성장은 또 다른 차원의 정체성 갈등을 불러왔다. 건국과 산업화 시기의 보수는 반공·안보·경제 우선이라는 기치로 국민을 결집 시켰다. 그러나 1990년대 이후 냉전체제의 붕괴와 세계화의 확산은 이러한 보수의 정체성을 흔들었다. 공산권과의 교류 확대 속에서 반공주의는 설득력을 잃었고, 정권 교체에 따라 안보 정책은 일관성을 상실했다. 성장 우선의 가치 역시 소득 증가와 더불어 사회적 형평 요구가 커지면서 균열이 발생했다. 전통적 가치인 '효' 또한 핵가족화와 1인 가구 확산으로 약화되었다. 이러한 변화에 적절히 대응하지 못하면서 보수의 정체성마저 흔들리게 되었다.

보수는 세대 문제에도 둔감했다. 과학기술의 급속한 발전은 세대 간 격차를 확대 시켰고, 젊은 세대는 보수를 기득권에 집착하는 수구로 바라보게 되었다. 오늘날 청년들이 삶의 가치와 꿈을 잃었음에도, 보수는 그들을 품지 못했고 오히려 따끔한 조언조차 외면했다. 청년 세대가 중시하는 자유, 실용, 공정, 다양성의 가치에도 보수는 충분히 부응하지 못했다.

보수정당의 무능은 이러한 문제를 더욱 심화시켰다. 비전과 정책은 부재했고, 국민 눈에는 기득권 유지에만 집착하는 정치세력으로 비쳤다. 결과는 연이은 선거 패배였다. 국민이 진보를 특별히 선호해서가 아니라, 보수가 국민의 기대에 부응하지 못했기 때문이다. 이제는 자생력마저 의심받는 상황에 몰리고 있다.

보수는 반성을 두려워해서는 안 된다. 오히려 적극적으로 보수의 본질을 현대적으로 재해석하고, 시대가 요구하는 새로운 가치를 세워야 한다. 무엇보다 자유에는 책임이 따른다는 원칙을 분명히 해야 한다. 자유는 절대적 자유가 아니라 절제된 자유, 상대방의 자유 존중, 공동체 안에서의 자유이다. 이는 곧 공동체자유주의가 추구하는 자유의 개념이기도 하다. 정치인의 언행 역시 자유라는 이름 아래 방종할 수 없으며 언제나 공동체적 책임을 수반해야 한다.

보수가 다시 일어서려면 공동체 정신을 회복하고 이를 사회 곳곳에서 실천해야 한다. 다양성과 포용성을 높이고, 사회적 약자를 보호하며, 계층 간 사회 이동성을 강화해야 한다. 급격한 기술 발전으로 인한 격차를 완화하는 것 또한 필수 과제다. 이는 곧 공동체자유주의가 강조하는 가치와 일맥상통한다. 한국 보수가 이러한 시대적 과제에 대해 책임있는 대안을 제시할 때, 국민의 신뢰를 회복하고 미래로 나아갈 수 있을 것이다.

겸손과 신중함을 잃은 한국 정치

보수주의는 인간의 불완전성을 전제로 하여 겸손과 신중함 그리고 권력의 자제를 핵심 덕목으로 삼아왔다. 그러나 오늘날 한국 정치 현실은 이와는 거리가 멀다. 정치인의 언행만 보아도 알 수 있다. 거친 막말과 언어의 폭력은 청소년에게 나쁜 영향을 끼치고 국민의 마음을 병들게 한다. 거짓말은 또 다른 거짓말을 낳으며 사회의 도덕과 윤리를 오염시킨다. 특히 언어가 가진 본래의 의미를 왜곡해 국민을 속이고 민심을 조종하려는 행태는 민주정치의 정신까지 파괴한다.

보수주의는 권력의 본성에 내재된 위험성을 인식하며 권력의 절제를 강조해왔다. 그러나 현실의 한국 정치는 오히려 권력의 오용과 남용 나아가 횡포로 점철되어 있다. 보수 진영도 이 책임에서 자유롭지 못하다. 윤석열 대통령의 비상계엄은 '권력 사용의 신중함과 자제'라는 보수주의의 원칙을 허물어뜨렸다. 그러나 권력의 남용은 민주당을 보면 더욱 심각하다. 그 단적인 사례가 국회 운영에서 드러났다. 22대 총선에서 범야권이 300석 중 187석을 차지한 이후 국회는 독주와 전횡으로 일관하며, 행정부는 물론 사법부까지 좌지우지했다. 입법은 보편성과 공정성을 기준으로 삼아야 하지만 '방탄 국회'라는 말이 회자될 정도로 위인설법이 난무했다. 주요 인사들에 대한 무분별한 탄핵 시도와 필수 예산의 삭감은 정치적 겁박의 수단이 되었다. 제도는 공정하지 못했다. 기업에게는 더 가혹했다. 기업 활동은 규제강화로 위축되었고, '노란봉투법'이나 상법 개정과 같은 입법은 공정성보다는 정치적 계산에 치우쳐 있었다.

사법부 역시 다수 의석 정당의 압박을 피하지 못했다. 불리한 판결은 부정하거나 원래 취지를 왜곡해 해석했고, 심지어 부족하다 싶으면 특검을 내세워 압박했다. 본래 특검은 야당이 행정부의 검찰권을 견제하기 위한 제도인데, 최근에는 여당인 민주당이 주도해 남용하는 실정이다. 성과를 내지 못하자 특검의 기한을 연장하고 인력을 보강했다. 나아가 논란이 있는 '특별재판부' 신설은 위헌까지 감수하고 입법을 강행하려는 자세이다. 심지어 대법원장 사퇴 요구까지 이어졌다. 입법권이 사법부의 독립성을 흔들면 정의는 설 자리를 잃는다. 이때 법치주의는 '법의 지배(rule of law)'가 아니라 권력에 의한 '법의 지배(rule by law)'로 전락한다. 그 결과 국민은 더 이상 공정한 구제를 기대하기 어렵게 된다.

시대변화와 보수의 역할

보수주의가 오늘날까지 영향력을 유지하는 이유는 그 가치가 여전히 현실과 맞닿아 있기 때문이다. 보수는 전통을 존중하고 점진적 발전을 선호하지만, 단순히 과거에 머무르지 않고 변화와 조화를 이루며 사회적 활력을 북돋워 왔다. 때로는 과감한 개혁을 주도하기도 했다. 그러나 지금 우리가 마주한 변화는 과거와 본질적으로 다르다. 점진적 발전의 범위를 넘어서는 급격한 기술혁명, 특히 인공지능(AI)의 등장이 새로운 사회 변혁을 몰고 오고 있다. 여기에 어떻게 대응하느냐가 보수의 미래를 좌우할 것이다.

오늘날 AI는 산업 전반을 바꾸고 있다. 공장에서는 자율화된 생산 라인이 고도화되고, 의료 현장에서는 조기 진단과 맞춤 진료로 정확성을 높인다. 금융 분야에서는 실시간 빅데이터 분석으로 위험을 탐지하고 자동화된 투자 전략이 구현된다. 가정에서도 TV, 냉장고, 청소 로봇에 이르기까지 AI는 이미 생활 깊숙이 들어와 있다. 이러한 전환기일수록 보수는 전통·안정·질서·책임의 가치를 현대적으로 재해석하여 미래 설계의 나침반을 제시해야 한다. 과거 지키기에 머무는 것이 아니라 미래를 향해 겸손과 신중의 덕목을 지키면서도 시대의 거대한 변화를 이끌어 나가는 것이 보수의 책무이다.

빠른 변화는 필연적으로 부작용을 동반한다. 사회적 격차 확대, 새로운 불평등, 가치관의 혼란 등은 그 대표적인 현상이다. 이런 때일수록 "바쁠수록 돌아가라"는 지혜가 필요하다. 즉, 보수의 신중함과 겸손을 토대로 미래 세대와 소통하고 젊은이들의 목소리를 적극 반영해야 한다. 그래야 청년층이 보수에 신뢰를 가질 수 있다. 특히 오늘의 청년들은 평등보다 공정을 중시한다. 이는 보수가 전통적으로 중시해온 '능력과 기여에 따른 보상'과 맞닿아 있다. 그러나 능력주의는 경쟁에서 낙오하는 사회적 약자를 양산할 수 있다는 점에서 보완이 필요하다. 보수는 이를 간과하지 말고 공정한 기회와 사회적 안전망 제공으로 사회발전을 추구해나가야 한다. 시혜적 돈풀기보다는 자립심을 고취하는 교육과 훈련 그리고 도전의 기회를 확대해야 한다. '고기 잡는 법'을 가르치는 접근이야말로 청년 세대의 호응을 이끌어낼 수 있다.

문제는 한국 정치가 이런 근본적 대응 대신 단기적 선심 정책에 기대고 있다는 점이다. 최근 '민생회복소비쿠폰'과 같은 돈풀기 정책은 재정 건전성을 해치고 자기책임 의식을 약화시키는 부작용을 낳고 있다. 정치권은 이를 알면서도 선거철마다 표를 얻기 위한 포퓰리즘에 매달린다. 이제라도 고쳐야 한다. 보수는 일자리 창출, 공정한 시장질서, 상생의 연대를 통해 사회적 격차를 줄이는 정책을 내놓아야 한다. 동시에 사회적 약자에 대한 특별한 배려와 보호는 외면하지 않아야 한다. 그것이 바로 보수가 시대변화 속에서 지켜야 할 균형이자 공동체자유주의와 이어지는 길이다.

청년과 함께하는 보수의 전략

오늘날과 같이 급격한 사회 변화를 겪는 상황에서 보수는 더 이상 전통 옹호라는 과거의 가치에만 매달려서는 안 된다. 원래 보수는 변화에 소극적이었지만 사회 발전에 도움이 되지 않을 경우 과감히 혁신에 나서왔다. 앞서 강조한바 개혁을 이끌었던 박정희 대통령, 영국의 마거릿 대처 수상, 미국의 로널드 레이건 대통령이 그 대표적 사례이다. 이때에도 신중함과 겸손이라는 보수의 덕목은 결코 잃지 않았다.

오늘의 대한민국 보수에게도 이러한 자세가 필요하다. 지금까지 해결하지 못한 문제들은 대부분 구조적 난제로 단기간에 풀 수 없으며 기존 방식을 반복하는 것으로는 성과를 기대하기 어렵다. 따라서 패러다임 전환이 불가피하다. 이를테면 동서 지역갈등의 경우 행정구역을 남북으로 전면적으로 재편하면 그동안 갈등과 대립하던 사람들이 같은 행정단위 공동체로 어울려 살게 될 것이다. 이렇게 행정구역을 시대가 요구하는 전략적 발상을 통해 효율적으로 통합 운영함으로써 새로운 공동체적 연대를 모색할 수 있다.

청년 문제 또한 전략적 접근이 필요하다. 오늘의 20대는 경제적 불안, 젠더 갈등, 정치 불신 등 복합적 요인 속에서 보수적이며 현실적인 성향을 보이고 있다. 그러나 이들의 신뢰를 얻으려면 말뿐인 사탕발림이 아니라 구체적이고 지속성 있는 정책으로 응답해야 한다. 청년층의 공정과 실용에 대한 요구를 정확히 읽어내는 것이 중요하다.

특히 청년층이 기득권을 고수하는 586세대와 강남좌파를 위선적으로 보는 시각은 보수에 큰 기회이자 도전이다. 말은 정의와 약자 배려를 외치지만 실제로는 자기 이익을 우선하고, 진영 내부의 불의에는 침묵하며, 상황에 따라 '내로남불'을 반복하는 모습은 이미 청년층의 환멸을 불러왔다. 20대가 이들을 수구세력으로 규정하고 포퓰리즘 정책을 권력 유지 수단으로 인식하는 것도 이러한 이유에서다.

보수는 이러한 청년들의 정서를 진정성 있게 받아들이고 그들의 신뢰를 얻는 정책적 대안을 제시해야 한다. 일자리 창출, 소득 기반 확충, 계층 간 이동성을 높이는 직업훈련과 교육 개혁 등 실질적 해법을 마련해야 한다. 무엇보다 중요한 것은 청년들을 동반자로 존중하며 함께 미래를 설계하려는 현명한 태도이다. 오늘날 주어진 과제는 버겁지만, 이를 외면하지 않고 긍정적 자세로 청년 세대와 협력할 때만이 보수는 지속 가능한 재도약의 발판을 마련할 수 있다.

3. 품격 있는 보수를 위한 리더십과 시대정신

국가적 난제에 대한 보수의 책임 있는 대응

보수는 전통적으로 권력의 독주를 견제하고 균형을 유지함으로써 독재가 발생하지 않도록 노력해 왔다. 본질적으로 보수는 사회를 안정된 정상 상태로 이끌고자 한다. 그러나 오늘날 한국 사회는 대립과 갈등의 골이 깊어 '정상적인 사회'와는 거리가 있다. 이를 복원하기 위해서는 무엇보다 개인의 인권과 자유를 확대해야 한다. 그 위에서 창의성을 발휘하고 일자리를 창출하여 경제발전을 도모해야 사회 안정이 가능하며, 비로소 현안 과제들을 풀어갈 수 있다.

이를 위해서는 우리 앞에 놓인 문제들을 사실 그대로 직시해야 한다. 편향적 이해에 따라 왜곡하거나 자기중심적으로 해석해서는 안 된다. '구별'을 '차별'로, '차이'를 '불평등'으로, '다름'을 '불공평'으로 왜곡하는 오류를 범해서도 안 된다. 사회와 세계를 맑고 밝은 눈으로 바라보고, 미래의 관점에서 현실 문제를 인식할 때 비로소 정확한 원인을 파악할 수 있다. 원인을 알면 대책도 마련할 수 있다. 남는 것은 문제 해결의 의지와 시간을 어떻게 배분할 것인가이다. 조급함을 버리고 단기 · 중기 · 장기 과제를 분류한 뒤 정권 변동에 흔들리지 않고 일관되게 추진해야 한다.

현 상황에서 **'정상적인 나라'를 회복하기 위한 첫걸음은 권력분립의**

복원과 법치주의의 회복이다. 우선 3권분립을 되살려야 한다. 입법·행정·사법은 서열 관계가 아니라 균형과 견제의 관계여야 한다. 그러나 현재 민주당 정권은 압도적 다수 의석으로 입법권을 과도하게 행사하며 행정부와 사법부까지 장악하려는 태도를 보이면서 3권분립을 크게 흔들고 있다. 이는 토크빌(Alexis de Tocqueville)이 『미국의 민주주의』에서 "다수의 절대권력이 최대의 위험임"을 강조한 것과 맥을 같이 한다. 그는 "다수의 폭정이 독재자의 폭정보다 무섭다. 다수를 명분으로 도덕적 권위를 갖는다고 잘못 생각하기 때문이다."라고 지적한다.

법치주의는 어떠한가? 법은 사회의 최후 안전판이며, '법 앞에 만인은 평등하다'는 원칙은 결코 흔들려서는 안 된다. 그러나 현실에서는 권력 남용과 편파적 법 적용이 만연하고 있다. '유권 무죄, 무권 유죄' 냉소적 표현이 회자되는 것은 이 때문이다. 국민이 바라는 것은 법을 남용하고 악용하는 법에 의한 지배가 아니라, 법의 정신을 그대로 구현하는 법의 지배이다. 모든 행위는 법에 근거해야 하며 집행은 공정해야 한다. 그래야 시민의 자유가 확대되고 인권이 온전히 보호된다. 나아가 법치주의가 제대로 기능하려면 법 자체도 시대변화에 부응해야 한다. 현실과 괴리되거나 기술 발전을 가로막는 법은 과감히 개정하거나 폐지하고 새로운 질서와 조화를 이루는 입법으로 나아가야 한다.

시대정신의 탐색

시대정신은 특정한 시대를 살아가는 사람들이 공유하는 사회적 상식, 가치관, 태도와 의식을 종합적으로 보여주는 개념이다. 이는 현재의 생각일 뿐 아니라 미래로 이어지는 정신적 지향이기도 하다. 만약 시대정신을 제대로 파악하거나 정립하지 못하면 사회는 방향을 잃고 각종 부작용에 빠지게 된다. 지난 몇 년간 우리 사회가 경험한 혼란은 바로 시대정신의 부재에서 비롯된 것이었다. 정치가 거칠고 혼탁해졌으며, 경제는 활력을 잃고 국가 경쟁력은 약화되었다. 사회는 대립과 갈등이 심화되었고, 공동체 정신은 사라진 채 과잉 이기주의가 각자도생의 시대를 만들었다.

시대정신의 부재는 특히 도덕성과 법치주의의 약화로 이어졌다. 요즘 정치 지도자들 가운데는 위법과 불법을 저지르고도 반성하지 않는 경우가 많다. 오히려 잘못을 부인하거나 남의 탓, 제도의 탓으로 돌리는 모습이 반복된다. 국회 청문회만 보더라도, 병역기피, 탈세, 부동산 투기, 위장전입, 논문표절 등 국민이라면 누구나 지켜야 할 기본적 의무조차 지키지 않은 이들이 지도층에 적지 않다. "윗물이 맑아야 아랫물이 맑다"는 말처럼, 지도자들이 도덕과 법을 무시하면 시민들도 법과 질서를 경시하게 되고 사회 전반의 준법의식은 약화된다. 이는 곧 도덕과 공정성을 무너뜨리며 사회질서 자체를 흔든다.

그렇다면 오늘날 한국 사회가 요구하는 시대정신은 무엇인가? 도덕과 공정 그리고 정의일까? 아니면 법치주의와 3권분립의 회복일까? 더나아가 허탈한 국민의 마음을 어루만지는 공감 혹은 국민을 하나로 묶는 화합과 통합일 수도 있다. 아마도 하나의 가치만으로는 부족할 것이다. 중요한 것은 국민이 신뢰하고 미래 지향적이어야 한다는 점이다.

따라서 **시대정신을 정립하는 과정은 폭넓은 여론조사와 전문가들의 숙의를 통해 국민적 합의를 도출하는 방향으로 진행되어야 한다.**

시대정신에 부응한 지도자상과 리더십

지도자는 시대가 요구하는 사명을 분명히 인식해야 한다. 어느 시대건 지도자에게 주어진 본연의 과제는 국민의 평안한 삶과 풍요로운 생활, 곧 안민(安民)과 부민(富民)을 실천하는 것이다. 그 자세는 올곧은 마음으로 국민을 사랑하고 섬기는 애민(愛民)과 위민(爲民)에서 비롯되어야 한다. 더 나아가 국민의 삶을 제대로 이해하고 기쁨과 고통을 함께 나누는 여민동락(與民同樂)의 정신 그리고 현장을 중시하는 정치가 필요하다. 지도자는 사익보다 공익을 우선하는 선공후사(先公後私)의 자세와 남보다 앞서 실천하는 솔선수범(率先垂範)의 리더십을 보여줘야 한다. 이를 위해서는 먼저 자기 수양을 게을리하지 말아야 하며, 시대를 읽어내는 통찰력과 함께 인재를 발탁할 수 있는 안목을 지녀야 한다. 인사는 정실이 아닌 공정성을 기준으로 해야 하며, 그래야만 권력의 유혹에 흔들리지 않고 국민을 섬기는 정치를 구현할 수 있다.

오늘날 국민이 바라는 지도자는 단순히 이성적 합리성만 갖춘 인물이 아니다. 감성과 지성을 겸비하여 국민에게 감동과 신뢰를 주고 새로운 희망과 활력을 불러일으킬 수 있어야 한다. 구체적으로는 자유·민주·공화주의라는 헌법정신에 투철하며, 도덕성과 정직성을 바탕으로 언행일치를 실천하고 국민의 목소리에 귀 기울이며 공감할 수 있는 사람이다. 그러나 이러한 이상적 지도자는 현실 정치에서 찾아보기란 쉽지 않다.

그렇다면 현실적으로 가능한 지도자는 누구인가? 그는 최소한 세계의 흐름과 전략을 읽어낼 수 있는 능력을 갖추어야 한다. 또한 높은 도덕성, 특히 정직성을 바탕으로 헌법과 법률에 따른 법치주의를 실현하고, 견제와 균형의 삼권분립을 지켜낼 수 있어야 한다. 또한 소셜 네크워을 강조하는 디지털 시대에는 국민에게 신속하고 투명하게, 그러나 사실에 근거한 정보를 제공하는 능력이 필수적이다. 이러한 덕성과 능력을 함께 갖춘 지도자만이 시대정신에 부응하는 리더십을 발휘하며 국민의 신뢰를 얻을 수 있을 것이다.

4. 보수주의와 공동체자유주의의 조화로운 연계와 활용

오늘날 한국 보수는 가야 할 길을 잃고 헤매고 있다. 그러나 이것은 성숙을 위한 진통이어야 한다. 위기를 딛고 다시 일어나기 위해서는 분명한 꿈과 비전이 필요하다. 우리의 꿈은 단순한 경제적 선진국을 넘어 인류 발전에 기여하는 21세기 모범 선진국을 만드는 것이다. 우리가 과거 선진국을 모델로 삼아 발전했듯이 이제는 한국이 세계가 주목하는 새로운 모델이 되어야 한다.

세계 최빈국에서 선진국으로 올라서는 길은 결코 순탄치 않았다. 그러나 우리는 꿈을 가졌고, 그 꿈을 압축 성장과 사회적 전환을 통해 현실로 만들어냈다. 오늘날 K-팝을 비롯한 한국 문화가 세계를 선도하는 것은 한국인의 저력을 증명하는 상징이다. 그러나 정치만은 여전히 지체되어 있다. 정치가 뒤처진다면 우리는 결코 모범 선진국으로 도약할 수 없다. 정치도 K-팝의 성공 요인인 융합과 조화를 배워야 한다. 좌우와 보수·진보의 갈등과 대립을 넘어서는 제3의 정치 질서인 융합의 정치, 포용의 정치가 필요하다. 그 해법은 바로 공동체자유주의 속에 있다.

모범 선진국으로 가는 길에는 수많은 난관이 놓여 있다. 그러나 그 길에서 우리가 잊지 말아야 할 것은 보수의 오랜 원칙이다. 전통과 규범의 존중, 겸손과 신중함의 덕목, 그리고 안보와 경제 발전이라는 보수의 핵심 가치를 오늘의 시대에 맞게 보완·발전시켜야 한다. 대한민국의 성취는 제도적 포용과 개인의 역량을 살려준 폭넓은 자유 덕분이었다. 하지만 지금 이 자유와 제도가 위협받고 있다. 정치가 겸손과 신중함으로 접근했다면 규제 위주의 착취적 제도나 입법의 전횡 그리고 겁박의 정치는 없었을 것이다.

오늘의 위기에는 보수도 그 책임에서 결코 자유롭지 못하다. 더 이상 책임을 회피해서는 안 된다. 잘못은 사과하고 고쳐 나가야 한다. 오늘의 한국적 상황에서 자유, 인권, 삼권분립, 법치주의, 시장경제, 사유재산권 보호는 보수의 핵심 가치이다. 이들을 지켜나가야 한다. '책임지는 보수', '국민과 함께하는 보수'여야 한다. 나아가 원칙과 품격을 지키고 아름다운 전통은 계승·발전시키면서 나라 사랑의 애국심을 불러일으키는 리더십을 발휘해야 한다. 보수주의가 한계에 부딪히는 지점에서는 공동체자유주의가 해법을 제시해야 한다. 인류 발전이 협력과 경쟁의 조화 속에서 이루어졌듯이, 보수주의와 공동체자유주의 역시 협력과 건전한 경쟁 속에서 함께 발전할 수 있을 것이다. 이것이 바로 한국 보수가 위기를 넘어 국민과 함께 미래로 나아가는 길이다.

제4부

보수 혁신의 원칙과 실천 전략

김영수 TV조선 보도 고문

요약

오늘의 보수는 산업화와 민주화의 성취에도 불구하고 국민으로부터 멀어졌다. 그 이유는 철학의 상실과 실천의 부재 때문이다. 이 장에서는 이에 대한 대안으로 공동체자유주의에 기초한 보수혁신의 원칙으로 자유, 책임, 창의, 공동체, 품격을 제시하며, 그것이 한국 보수가 다시 국민의 신뢰를 얻는 길이라 강조한다.

자유는 인간의 존엄과 발전의 근본 조건이다. 그러나 자유는 방임이 아니라 책임을 전제로 한다. 권력의 남용과 규제의 과잉, 입법의 전횡은 자유를 훼손하고 공동체를 약화시킨다. 따라서 보수는 자유를 법치와 예치의 틀 안에서 품격 있게 실현해야 한다. 책임은 자유의 내적 규율이며, 개인과 사회의 지속 가능한 발전을 담보한다. 공적 책임을 회피하는 정치와 지도층의 이기심은 보수의 근본을 무너뜨린다.

창의는 국가의 생존 조건이다. 산업화의 시대는 효율의 논리로 성장했지만, AI와 글로벌 경쟁의 시대는 창의와 혁신이 국가의 존립을 좌우한다. 보수는 과거의 모방형 성장에서 벗어나 창의적 생태계를 조성해야 한다. 공동체는 자유의 토양이다. 자유가 개인의 권리를 보장한다면, 공동체는 그 자유가 무질서로 흐르지 않게 한다. 사회적 약자를 포용하고, 공정한 경쟁과 사회적 연대를 실현해야 한다. 품격은 정치와 사회의 도덕적 기초다. 언어의 품격, 절제된 권력 행사는 국민통합의 근본이다.

이러한 원칙 위에서 **보수는 당내 민주주의를 복원하고, 공천제도를 혁신하며, 청년과 신인을 등용해야 한다.** 또한 중도층과 합리적 진보세력까지 포용하는 국민통합형 보수로 거듭나야 한다. 보수의 혁신은 선언이 아니라 실천이며, 자유와 책임, 공동체와 품격이 조화를 이룰 때 비로소 국민의 신뢰를 회복할 수 있다.

1. 보수 혁신의 5대 원칙
자유, 책임, 창의, 공동체, 품격

공동체자유주의는 자아 완성과 이웃 성취(공동체 완성)를 함께 이루어 나가자는 주장으로서, 크게는 5대 원칙을 가지고 있다. 자유, 책임, 창의, 공동체, 품격이다.

자유

자유는 공동체자유주의적 혁신의 첫 번째 원칙이다. 그 이유는 자유가 인간 존재의 본질에서 비롯된 가치고, 개인과 국가의 발전에 가장 필요한 조건이기 때문이다. 또한 오늘날 인간다운 체제에 대한 도전이 근본적으로 자유에 대한 공격으로 나타나기 때문이다.

1948년 유엔 총회에서 채택된 인권선언문 전문은 인간의 '본래적 존엄성에 대한 인식'(recognition of the inherent dignity)이 자유와 정의, 평화의 기초임을 밝히고 있다.

> 전문
> 모든 인류 구성원의 천부의 존엄성과 동등하고 양도할 수 없는 권리를 인정하는 것이 세계의 자유, 정의 및 평화의 기초이다.

일찍이 동학(東學)에서도 "사람이 곧 하늘"(人乃天)임을 선언했고, 시경(詩經)은 "하늘이 많은 백성을 낳았다"(天生蒸民)고 말한다. 사람은 하늘의 백성(天民)이다. 인간의 존엄성에 대한 인식은 이처럼 동서양의 오랜 사상이다.

이처럼 존엄한 인간이 자기 생명력을 자연스럽게 마음껏 표현하고 실현하기 위한 제1의 기본조건이 자유이다. 인간의 존엄성은 자유의 초석(foundation)이자, 자유는 인간 존엄성의 제1 조건(primary condition)이다. 유엔 인권선언문 첫 구절도 그 점을 표명하고 있다.

제 1조
모든 인간은 태어날 때부터 자유로우며
그 존엄과 권리에 있어 동등하다.

Article 1: All human beings are born free and equal in dignity and rights. UN, Universal
Declaration of Human Rights, 1948.12.10.

자유의지 내지 자유생명은 정신적 영적 존재로서의 생명 그 자체의 기본 특징이다. 그래서 자유주의는 인간 개개인의 존엄, 자유, 창의의 가치를 가장 중요한 가치로 보는 사상이다. 그래서 개인의 자유로운 사고와 행동을, 타인을 침해하지 않는 범위 내에서 가능한 한 확대하고, 그리고 최대한 보장하려는 사상이다.

오늘날의 자유주의는 기본적으로 서양에서 발달하였다. 특히 개인주의적 자유주의가 그렇다. 개인주의적 자유주의는 기본적으로 개인의 생각과 행동에 대한 외적 간섭의 배제, 특히 국가권력의 자의적 간섭의 배제를 의미한다. 이런 의미의 서구적 자유주의 사상은 동양에서 별로 발전되지 못했다.

자유주의 사상에서 인류의 엄청난 발전과 진보가 탄생했다. 이에 기초해 (1) 인권 존중과 민주주의가 확산되었다. (2) 또한 인류의 물질적 풍요를 가져다준 시장경제가 발전하고 세계화가 진전되었다. (3) 과학문명의 발전도 사상과 학문의 자유라는 자유주의 사상에서 나왔다. 산업혁명 이후 역사상 유례없는 비약적 발전은 민주주의, 시장경제, 과학 발전을 가능하게 한 자유주의 사상이 확산하면서 발생하였다.

자유는 국가 발전의 필수적 요소로서, 국가 개혁의 가이드라인이다. 어떤 개혁이 국가를 번영으로 이끌고, 그 반대로 몰락으로 이끄는가? Daron Acemoglu, James A. Robinson은 국가는 왜 실패하는가(why nations fall)』에서 이 질문을 비교경제학적, 비교정치학적으로 검토했다. 결론은 '포용적 경제제도'(inclusive economic institutions)와 '착취적 경제제도'(extractive economic institutions)의 차이에 있는데, 전자는 번영을, 후자는 몰락을 초래한다는 것이다.

포용적이란 사유재산이 확고히 보장되고, 법체제가 공평무사하게 시행되며, 누구나 교환 및 계약이 가능한 공평한 경쟁 환경을 보장하는 공공서비스를 제공한다는 뜻이다. 포용적 경제제도란 또한 새로운 기업의 참여를 허용하고, 개인에게 직업 선택의 참여를 보장한다. 한마디로 경제적 자유(economic freedom)가 보장되는 것을 의미한다. 이것이 경제적 번영을 이끄는 이유는 개인이나 기업이 일할 수 있는 인센티브를 제공하기 때문이다. 즉, 자신이 일하고 노력하는 만큼 보상을 받을 수 있기 때문이다. 그리고 이 인센티브가 슘페터가 말하는 '창조적 파괴'(creative destruction)를 가능하게 하기 때문이다.

반면 착취적 제도란 한 계층의 소득과 부를 착취해 다른 계층의 배를 불리기 위해 고안된 제도이다. 이 제도에서는 공정한 경쟁의 장이나 공평무사한 법체제는 존재하지 않는다. 또한 개인이나 집단이 일하거나 노력할 인센티브가 없다. 노력한 대가를 모두 빼앗기기 때문이다.

그런데 **경제 제도의 방향을 결정하는 가장 근본적인 요인은 정치제도이다.** 정치제도는 권력 분배 방식, 법치주의 확립, 그리고 시민 참여의 정도를 규정한다. 포용적 정치제도란 권력이 분산되고 시민들이 정치에 폭넓게 참여할 수 있는 체제를 의미한다. 이러한 체제에서는 법치주의가 확립되어 권력의 남용이 제한되며, 결과적으로 경제 제도 또한 포용적으로 발전할 수 있다. 반면, 권력이 특정 집단에 집중되는 착취적 정치제도는 부패와 독재를 초래하며, 경제 제도 역시 소수 엘리트의 이익을 위한 구조로 설계된다. 즉, 정치가 경제를 결정하며, 경제 발전의 지속 가능성은 궁극적으로 정치적 포용성에 달려있다.

그 대표적 사례가 1948년 이후 남북한이다. 대한민국이 체제의 핵심 가치를 '자유'에 두었다면 북한은 '평등'의 공산주의체제를 채택했다. 또한 북한은 1956년 이른바 8월 종파사건을 계기로 연안파와 소련파 계열의 인사들이 대대적으로 숙청되고, 김일성 1인 지배체제가 확고히 수립되었다. 그 후 평등 이념도 완전히 사라지고, 극도로 불평등한 신분제 사회가 탄생했다. 북한 주민은 출신성분에 따라 특별 계층(1-2%), 핵심 계층(28%), 기본 군중 계층(30-40%), 복잡 군중 계층과 감시 대상 계층(30-40%)으로 나뉘어 대대로 세습된다. 자유도 없고, 평등도 무너진 북한은 그 뒤 점차 침체와 몰락의 길을 걸어, 오늘날 세계에서 가장 후진적인 사회로 떨어졌다.

1965년 남한의 1인당 국민총생산(GNP)은 북한의 65%로서, 북한이 앞섰다. 그러나 남한의 GNP는 1975년 북한의 1.4배, 1985년 2.9배, 1995년 10.5배로 늘어났고, 1997년에는 12.8배로 증가했다. 2024년 기준으로 남한의 1인당 국민총소득(GNI)은 4,725만 원, 북한은 159만 원으로 차이가 30배 난다. 현재 북한은 전 세계의 최빈국 10개국 중 하나이다. 2022년 기준 54년간 남한의 1인당 GDP가 113.7배 성장하는 동안 북한은 1.5배 성장했다. 2023년 북한의 국내총생산(GDP)은 한국의 1/60인 1.7%에 불과하다.

남북한은 1948년 이후 76년에 걸쳐 치열한 체제경쟁을 벌였다. 이 경쟁에서 대한민국이 승리했다. 대런 에쓰모글루, 제임스 A. 로빈슨 교수는 남북한의 극명한 차이를 이렇게 설명하고 있다.

남한과 북한은 붙어 있지만, 선진국과 저개발국의 극명한 차이를 드러낸다. 남한의 1인당 국민소득은 미국의 3만 2,000달러에 육박하며, 유럽연합 평균에도 크게 뒤처지지 않는다. 남한은 또 특별한 나라에만 문호를 개방하는 OECD의 일원이다. 그만큼 경제 성과를 인정받고 있고, 삼성, 현대, LG 등 한국산 유명 브랜드 제품을 세계가 기꺼이 소비한다. 반면 북한은 1인당 소득이 1,800달러에 그쳐, 케냐 등 아프리카 국가나, 방글라데시와 같은 가난한 남아시아 국가와 다를 바 없다. 북한산 제품을 사려는 사람은 찾아보기 어렵다. 남한의 평균 수명은 북한보다 10년이 더 길다. 심지어 북한 주민은 늘 기아의 위협에 시달린다.

– 국가는 왜 실패하는가

남북한은 국가의 성공과 실패의 원인을 이해하기 위한 세계적 표본 사례이다. 대런 에쓰모글루, 제임스 A. 로빈슨 교수는 "한반도에서 발생한 어마어마한 제도적 차이에 전 세계 모든 나라가 부국과 빈국으로 나뉜 이유를 설명할 수 있는 일반 이론의 모든 요소가 포함되어 있다"고 지적한 바 있다.

한국인들이 모를 수도 있는 또 한 가지 사실은, 지난 50년간 한국의 성공 사례를 통해서도 어느 정도 영감을 얻은 이 이론이 주류 사회학자 및 경제학자들의 믿음과 크게 동떨어져 있다는 점이다. 지리적 위치나 자연환경에 따라 한 나라 또는 지역의 경제 성공 여부가 결정된다는 학자도 있지만, 누가 봐도 한국에 적용할 수 없는 이론이다. 한 민족의 문화, 사회 규범, 가치관, 노동 윤리 등이 경제적 성공

여부를 가른다는 주장도 있다. 하지만 이번에도 한국은 그런 이론을 반박할 확실한 증거가 된다. 한반도에 사는 사람들은 같은 문화와 언어를 가진 오랜 단일민족의 역사를 자랑한다. 남북한의 운명을 가른 것은 1945년 두 사회가 수립된 경위가 달라서이지 문화 때문이 아니다.

– 국가는 왜 실패하는가

번영의 핵심적 요인은 '자유'이다. 대한민국은 자유 경쟁이 보장되는 포용적 경제제도를 채택했지만, 북한은 착취적 경제제도를 도입했다. 그것이 북한 체제의 실패를 가져왔다. 이 주장의 진실은 다양한 역사적 사례를 통해 입증되고 있다. 그러므로 미래의 한국이 계속 번영하려면 어떤 길을 선택해야 하는지 분명하다. 한국은 계속 민주주의를 발전시키고, 자유를 심화해야 한다. 또한 정치적 포퓰리즘으로 시장을 제한하거나 파괴하면 안 된다. 북한은 개방되고 민주화되지 않는 한 계속 비참한 빈곤에서 벗어나지 못할 것이다. 지금의 상태가 지속될 경우 북한은 반드시 붕괴될 것이며, 대한민국의 한 부분으로 흡수될 것이다. 오늘날 대한민국의 개혁 역시 이 기준에 따라 판단이 가능할 것이다.

그러나 자유에도 문제가 있다. 자유만이 최고라는 자유지상주의, 자유만 있으면 모든 문제가 해결된다는 자유만능주의는 폐단을 초래한다. 개인의 존엄과 자유를 존중하는 개인주의적 자유주의는 이기적, 배타적, 방임적 자유로 흐르기 쉽다. 자유주의의 부작용을 피하려면 공동체에 대한 배려, 책임, 연대가 필요하다. 이런 사상이 공동체자유주의이다.

그러나 공동체자유주의는 집단과 전체의 가치를 개인의 가치보다 우위에 놓는 집단주의와 전체주의에 반대한다. 구체적으로는 파시즘과 공산주의, 독재에 반대한다. 파시즘과 공산주의도 자유지상주의와 자유만능주의의 폐단에 대한 대응으로 등장했다. 두 사상은 민족 공생과 계급 해방을 주장하며, 개인보다 민족과 프롤레타리아의 행복을 약속했다. 그러나 결과적으로 민족과 프롤레타리아의 파멸을 초래했고, 무엇보다 인류의 인간성을 파괴했다. 독재도 국가나 민족의 대의를 명분으로 개인의 희생을 강조한다.

자유주의는 개인보다 전체나 집단을 더 중요시하는 전체주의 혹은 집단주의, 독재와 서로 대립 관계에 있다. 공동체주의도 개인의 가치를 기본으로 하되 절대화하지 않고, 국가와 사회의 중요성을 중시한다. 개인의 가치 즉 개인의 존엄과 자유를 기본으로 하고 존중하되, 이웃에 대한 배려와 공동체의 소중함도 함께 중시하자는 주장이다. 공동체자유주의의 자유주의는 개인주의적 자유주의를 기반으로 하고 있다.

공동체자유주의적 정치의 목표는 두 가지이다. **첫째, 정치는 인간 개개인의 자유영역의 확대를 목표로 한다.** 자유가 인간의 자아 발견(인격 완성)과 자아 실현(공동체 완성)의 제1차적 기본조건이기 때문이다. **둘째, 개인과 공동체의 이익의 조화를 목표로 한다.** 이 두 가지 목표가 달성될 때 비로소 민본 정치가 이루어지고, 국민을 우선으로 하는 정치가 이루어진다.

공동체자유주의는 경제적 자유주의에 바탕한 시장경제를 지지한다. 시장경제는 애덤 스미스의 주장처럼, 대단히 높은 자생적인 사회적 분업/협업체계이다. 이를 통해 개개인은 각자의 이기심, 즉 소아적 합리성에 기초하여 자유롭게 활동한다. 그러나 그 결과는 사회적 이익, 즉 대아적 합리성이 달성되는 자생적 질서이다.

하지만 한 국가의 시장경제는 세 가지 보완점이 필요하다. **첫째는 공정한 시장 질서가 보장되어야 한다.** 독과점이 심하고, 특혜 차별 등 불공정이 심하면 시장경제의 합리성이 무너지고, 결과적으로 소비자가 피해를 입는다. 그러면 시장 질서의 정당성이 사라진다. 그래서 시장은 자유롭되 공정하게 작동하도록 국가의 감시와 규제가 필요하다. 반독점 규제, 특혜적 차별적인 규제 철폐는 국가가 시장에서 담당할 역할이다.

둘째는 협치적 산업정책이 필요하다. 시장의 경제적 주체는 각각 최고의 이익을 올리기 위해 노력한다. 그것이 생산성과 효율성을 높인다. 하지만 개별 주체의 정보의 불확실성, 판단의 불완전성으로 과잉투자와 과소투자가 발생한다. 그러면 구조조정이 불가피하고, 국가 전체적으로 큰 손실이 생긴다. 국가는 사전에 이런 문제를 파악하고, 조정해야 한다. 세계 시장에서 국가경쟁력을 높이기 위해 국가의 지원이 필요한 경우도 있다. 교통망이나 댐, 전력 등 기업이 하기 힘든 분야는 국가의 직접 개입이나 조력이 필요하다. 생산성은 떨어져도 높은 고용효과를 가진 중소기업에 대한 지원도 불가피하다.

셋째, 경제적 취약계층에 대한 보호가 필요하다. 장애인이나 노인층 등 경제적 약자들에 대한 경제적 지원은 물론 이들의 일자리를 만드는 사회적 기업을 지원해야 한다.

책임

책임은 기본적으로 자신의 존재로부터 비롯되는 도덕적·법적·사회적 의무이다. 자식은 부모의 은혜에 보답할 책임이 있고, 부양할 의무를 져야 한다. 가장은 가족을 보호할 책임과 부양할 의무가 있다. 국민은 나라를 지킬 책임이 있고, 병역과 조세의 의무를 다해야 한다. 그런 의미에서 책임은 자유와 대립적이다. 그러나 책임 없는 자유는 방종이고, 뿌리 없는 자유이다.

자유주의는 개인의 가치를 우위에 두고, 개인의 선택을 존중한다. 하지만 어떤 인간도 순수한 개인으로서 존재할 수는 없다. 인간은 하늘에서 뚝 떨어진 존재가 아니다. 조상과 부모의 은혜와 기도 속에서 태어난다. 그리고 자식과 후손들에게 사랑과 축복을 베풀며 자라난다. 이렇게 시간적 역사적 관계망 속에서 존재하게 되는 것이 인간이다. 그래서 인간의 가치와 의미도 사실은 이런 시간적 역사적 관계망을 떠나서 찾기 어렵다.

인간은 시간적으로 역사·문화공동체적 존재이다. 인간은 역사 속에서 시간을 축으로 하여 전후가 연결된 존재공동체이다. 공간적으로는 가족·국가공동체적 존재이고, 우주·자연공동체적 존재이다.

인간은 본성적으로 정치적 동물이다. 그리고 우연에 의해서가 아니라 본성에 의해 국가 없이 살아가는 자는 야인이거나 인간을 초월한 자이다. … 선과 악, 정의와 부정의 등을 인식할 수 있는 존재는 오직 인간뿐이며, 이러한 인식을 공유하는 존재들이 모여 가족과 국가를 형성한다.[1]

인간은 본성적으로 가족과 국가 속의 존재이며, 가족과 국가는 역사를 통해 선악과 정의에 관한 관점을 공유한다. 이처럼 집단과 역사 속에서 인간은 자신의 가치와 의미를 파악하고, 이를 통해 자아의 정체성이 형성된다. 정체성은 자신의 존재를 더욱 소중히 하고, 자긍할 수 있는 근거가 된다.

인류 역사에서 민주주의의 고향으로 알려진 아테네인들도 같은 사상을 가졌다. 펠로폰네소스전쟁 당시 아테네의 지도자 페리클레스의 전몰자 애도 연설을 보자.

우리 시민들은 공공의 의무와 사적 의무 둘 다를 돌보며, 오로지 자기 일에 몰두함으로써 도시의 일을 알지 못하는 상태가 되도록 내

---

1   Man is by nature a political animal. And he who by nature and not by mere accident is without a state, is either a bad man or above humanity; … it is a characteristic of man that he alone has any sense of good and evil, of just and unjust, and the like; and the association of living beings who have this sense makes a family and a state. (Aristotle, Politics, Translated by Benjamin Jowett (Kitchener: Batoche Books, 1999), Book I, Part 2, pp. 5-6.

버려 두지 않는다. 우리는 다른 도시 국가들과 달리, 공적 삶으로부터 스스로 물러나는 사람을 '조용한 자(quiet)'가 아니라 '쓸모없는 자(useless)'로 여긴다; 우리는 모든 정책 사안을 신중히, 직접 토의하고 결정하며, 말과 행동이란 서로 다른 것이라고 여기지 않고, 오히려 충분한 논의 없이 이루어지는 행동은 실패할 수밖에 없다고 여긴다.[2]

아테네인들은 자유인이었다. 하지만 그들은 공공사에 무관심한 시민은 아테네인으로서 부적절한 존재로 인식했다. 참다운 자유인은 도시 국가에 깊은 책임감을 갖고, 직접 도시 국가의 일을 토의하고 결정하는 태도가 요구되었다. 자유인의 국가는 다른 사람이 아닌 바로 자신의 국가이기 때문이다. 그래서 그들은 자신과 같은 존재인 국가를 지키기 위해 목숨을 바친 것이다. 페리클레스는 전몰장병들이 "조국을 위해 생명을 바쳤고, 영광스러운 죽음을 얻었다."(They gave their lives for their country, and gained a glorious death)고 말했다. 무엇인가를 생명을 바친다는 것은 최고의 책임감이다.

---

2 Our citizens attend both to public and private duties and do not allow absorption in their own affairs to diminish their knowledge of the City's business. We differ from other states in regarding the man who keeps aloof from public life not as 'quiet' but as useless; we decide or debate, carefully and in person, all matters of policy, holding not that words and deeds go ill together but that acts are foredoomed to failure when undertaken undiscussed. (Thucydides, Pericles, Funeral Oration from The History of the Peloponnesian War, translated by Rex Warner, with an introduction and notes by M. I. Finley (Penguin Classics, 1954, Revised edition, 1972), pp. 143-151.)

결국 진정한 애국심은 자유에서 비롯되며, 자유인이야말로 조국에 대한 깊은 책임감을 가진다. 그것은 자기 나라 역사에 대한 자긍심, 자기 나라는 훌륭한 나라라는 자부심에서 나라 사랑이 시작된다. 그래서 건강한 비판을 넘어 자기 나라 역사를 무조건 부정하는 것은 역사적 존재로서의 자기를 부정하는 것일 뿐 아니라 나라 사랑의 기반을 파괴하는 행위이다.

어느 나라 역사든 명과 암이 있다. 대한민국의 역사에도 부끄러운 부분이 있다. 그러나 크게 보아 대한민국의 역사는 대성공과 대승리의 역사이다. 20세기 인류 역사상 어느 나라, 어느 시대도 한국처럼 고도 압축의 경제도약을 이룩한 역사가 없었다. 산업화를 배경으로 우리는 압축적 민주화까지 이루어냈다. 산업화와 민주화에 성공해 21세기 당당한 중진국 선두 주자가 되었다. 이제 명실공히 세계 일등국가, 세계 중심국가가 되는 선진화와 한반도 통일을 향해 뛰고 있다.

많은 나라들이 대한민국의 역사를 부러워한다. 그런데 우리 사회 일각에서는 대한민국의 근현대사 모두를 부정하고 폄하한다. 대한민국은 정의가 실패한 나라라든가 민족반역자가 세운 나라라고 비판한다. 이것은 사실이 아닐 뿐 아니라 잘못된 태도이다. 자신의 역사공동체를 소중히 하는 것이 아니다.

가장 높은 수준의 책임감은 내적 자유에서 비롯된다. 책임감은 인격의 밖이 아니라 안에서 형성된다. 진정한 자유는 자기에 대한 엄격한 규율에서 나온다. 이런 자유는 서양보다 동양에서 발달했다. 동양에서는 자기의 내적 해방, 즉 인간의 욕심, 즉 인욕으로부터의 해방을 목표로 하는 비(非)개인주의적 자유주의의 전통이 강하다. 불교의 해탈, 도교의 무위, 유교의 극기복례 등이 그러하다. 자기 자신으로부터의 해방 즉 소아로부터의 해방이다.

이런 높은 수준의 자유는 타인과 세계에 대한 책임감으로 충일하다. 석가모니의 자비, 예수의 사랑, 공자의 인(仁)은 인간에 대한 아낌없는 헌신에 다름 아니다. 유교의 수기치인(修己治人)도 자기를 완성하여 세상에 도움이 되려는 사상이다. 홀로 자기완성을 지향하는 것은 독선(獨善)으로서, 유교적 지식인이 비판하는 철학이다.

그러므로 높은 수준의 자유주의는 타인에 대한 약속을 준수하는 법치를 넘어 자기완성을 목표로 하는 예치를 지향한다. 법치가 외부적인 강제를 수반하는 규일이라면 – 즉 국가가 강제하는 규율이라면 – 이와 동시에 예치가 있어야 한다. 예치 내지 예치주의란 내적인 자기 규율이다. 법은 처벌이 두려워 지킬지 모르지만, 예는 마음 속에서 우러나는 사양지심(辭讓之心)이다. 이웃을 배려하여 삼가고 양보하고 조심하는 마음, 사양하는 마음이고 태도이다. 누가 강요하지 않지만, 외적 강요가 없어도 스스로 자제하는 마음이다.

예를 알고, 예를 지향하는 인간이 선비이다. 그래서 수준 높은 자유주의 국가는 국민과 지도자에 대한 선비 정신교육이 필요하다. 정치, 경제, 사회, 문화 모든 분야에서 개인의 발전과 공동체의 발전을 동시에 이루어 나가기 위해 가장 바람직한 것은, 국민도 지도자도 모두 선비정신을 가지는 것이다. 선비정신이란 공을 앞세우고 사를 자제하는 자세이다. 선공후사(先公後私)의 정신이다.

모든 국민에게 사욕을 아주 없애고 오직 공익만 생각하라고 요구하는 것은 무리이다. 철저한 멸사봉공(滅私奉公)까지는 요구할 수 없다. 그러나 국민 다수가 나만 잘 살면 된다는 식의 이기적 자유주의를 고집하면 공동체는 발전하기 어렵다. 사욕을 아주 버릴 수 없으나, 공동체의 공익을 소중히 하는 자세, 환언하면 사익과 공익의 조화를 위해 노력하는 자세는 반드시 있어야 한다. 그래야 국민 개개인도 그리고 국가공동체도 품격이 올라가고 함께 발전할 수 있다.

특히 국민교육보다 더 강조되어야 하는 것이 지도자 내지 공직자 교육이다. 공동체 지도자들은 일반 공동체의 구성원, 즉 일반 국민보다 몇 배 더 공을 앞세워야 한다. 선공후사의 정신이 몇 배 더 강해야 한다. 그래야 지도자이고 공직자이다. 그런 준비가 안 돼 있으면 공직이나 지도자의 자리에 나서면 안 된다.

기업인도 선비정신을 가지는 선비 자본주의가 되어야 한다. 한국을 대표하는 기업가 이병철은 물질적 욕망을 뛰어넘어 나라에 대한 책임감을 가진 선비 기업인이었다.

"사람은 누구나 자기가 과연 무엇을 위해 살아가고 있는지를 잘 알고 있을 때 가장 행복한 것이 아닌가 생각한다. 다행히 나는 기업을 인생의 전부로 알고 살아왔고 나의 갈 길이 사업보국(事業報國)에 있다는 신념에도 흔들림이 없다."

–'나의 경영론' 전경련회보 1976. 11

"모든 것은 나라가 기본이다. 나라가 잘되어야 기업도 잘되고 국민이 행복해질 수 있는 것이다."

－1981.1.1. 신년사

"가장 감명을 받은 책 혹은 좌우에 두는 책을 들라면 서슴지 않고 《논어論語》라고 말할 수밖에 없다. 나라는 인간을 형성하는 데 가장 큰 영향을 미친 책은 바로 이 《논어》이다. 나의 생각이나 생활이 《논어》의 세계에서 벗어나지 못한다고 하더라도 오히려 만족한다."

－호암자전, p. 418.

"그건 그렇다치고 나는 경영에 관한 책에는 흥미를 느껴 본적 이 별로 없다. 새 이론을 전개하여 낙양의 지가를 높이는 일도 있지만 그것은 대체로 지엽적인 경영의 기술면을 다루는 데 지나지 않기 때문이다. 내가 관심을 갖는 것은 경영의 기술보다는 그 저류(底流)에 흐르는 기본적인 생각, 인간의 마음가짐에 관한 것이다. 그러한 뜻에서 《논어》와 함께 인간형성(人間形成)의 기본 철학이 있는 전기(傳記) 문학에도 나는 더 큰 흥미를 느끼는 것이다."

－호암자전, p. 420.

창의

창의성은 언제나 문명 발전의 원동력이었다. 그러나 세계문명사가 산업화시대, 근대화시대에서 세계화시대, 정보화시대로 바뀌면서 창의성의 중요성은 근본적인 것이 되었다. 이제 국가와 국가 사이에 사람, 정보, 재화, 돈의 교류가 더욱 확대되고 빈번해지면서, 과거보다 개인의 창의가 개인행복이나 국가발전에 크게 기여하는 시대가 열리고 있다. 자유는 창의성의 기본조건이다. 그래서 자유주의가 더욱 요구되는 시대이다.

인류 문명은 농경사회를 거쳐 산업화와 근대화를 이루었고, 이제는 세계화와 정보화라는 새로운 시대에 진입하고 있다. 이 전환 속에서 가장 중요한 가치는 단연 창의성이다. 산업화 시대에는 자본과 노동, 자원이 발전을 위한 중심 요소였다. 그러나 지금은 그 무엇보다도 개인의 창의성과 독창적 사고가 국가와 개인의 발전을 이끄는 핵심 동력이다.

산업화 시대와 근대화 시대의 특징은 표준화와 대량 생산, 조직 중심의 효율성 추구였다. 생산 설비와 기술을 얼마나 잘 구축하고, 인력을 얼마나 체계적으로 조직하느냐가 경쟁력의 핵심이었다. 따라서 개인의 창의성보다는 규칙을 따르고 역할을 수행하는 능력이 더 중요했다. 사회도 정해진 질서를 따르는 것이 바람직한 모습으로 인식되었다.

대표적인 사례가 포드 시스템(Ford System)이다. 포드 시스템은 산업화·근대화 시대의 핵심적 혁신으로서, 대량 생산과 표준화, 조직 중심의 효율성 추구라는 당시의 특징을 가장 극적으로 보여준다. 헨리 포드는 1913년 자동차 생산에 컨베이어 벨트를 도입해 작업을 분업화함으로써 생산 속도와 효율을 비약적으로 끌어올렸다. 이 방식은 제품의 부품과 공정의 표준화를 전제로 했으며, 노동자는 반복되는 단일

작업을 맡았다.

1913년 포드의 컨베이어시스템으로 대량 생산의 혁신을 가져오며 대당 조립 시간을 12시간 30분에서 1시간 33분으로 단축했다. 약 8배의 생산성 향상이 일어난 것이다. 생산량은 1909년 연간 약 14,000대에서 1915년 연간 50만 대, 1923년에는 2백만 대를 돌파했다. 10년 사이에 100배 이상 증가한 것이다. 가격은 1908년 '모델 T' 출시 초기 가격이 850달러였으나, 1925년 말에는 260달러까지 하락했다. 대량 생산으로 인해 70% 이상 가격이 인하되며, 보급형 대중차의 시대를 개막했다.

이처럼 포드 시스템은 생산성, 비용, 임금, 제품 가격 등 전 방위에서 혁신적 효율성을 이끌어냈으며, 산업화 시대의 표준화와 효율성 중심 체제를 대표하는 모델로 자리 잡았다. 생산성 향상은 사회적으로 의미가 지대했다. 포드의 경영 이념은 "최저 생산비로 사회에 봉사한다"였다. 그는 최저 생산비를 실현해 고객들에게는 좋은 자동차를 싼 가격으로 제공하고, 종업원에게는 높은 임금을 지불하였다. 1914년 포드는 종업원의 근무 시간을 8시간으로 단축하고, 임금은 주당 2.4달러에서 5달러로 올리겠다고 선언했다. 이제 보통 사람도 자동차를 구매할 수 있는 시대가 열렸다. 포드 시스템은 산업사회의 경제와 노동 구조에 결정적 영향을 미치며, 근대적 대량 생산 체제의 상징이 되었다.

그러나 세계화와 정보화시대에 들어서면서 인터넷과 디지털 기술의 발전은 국가 간의 경계를 사실상 허물어뜨렸다. 사람, 정보, 재화, 자본은 단순한 교류를 넘어 실시간으로 연결되고, 경계 없는 경쟁과 협력이 일상화되었다. 이러한 환경에서 요구되는 것은 더 이상 기계적인 반복이나 전통적인 지식이 아니다. 오히려 문제를 새롭게 인식하고, 기존에 없던 해법을 고안하는 창의적 사고, 즉 '생각하는 힘'이 핵심적 가치를 갖는다.

애플의 아이폰은 디지털 시대 창의성이 만든 대표적 혁신이다. 아이폰은 단순한 기술 제품을 넘어 사용자 경험 중심의 디지털 생태계를 창조했다. 2007년 출시된 아이폰은 기존의 전화기, 인터넷, 음악 플레이어, 카메라 등의 기능을 하나로 통합했다. 또한 이를 단순히 결합하는 데 그치지 않고 직관적 인터페이스와 멀티터치 기술로 새로운 사용 방식을 제시했다. 기술적 혁신보다 사용자 중심의 창의적 사고가 중심에 있었던 것이다.

가장 중요한 창의성의 결과는 App Store 생태계의 탄생이다. 2008년 도입된 앱스토어는 누구나 아이디어만 있으면 앱을 개발하고, 전 세계 사용자에게 판매할 수 있는 환경을 제공했다. 개인 창작자와 스타트업이 부를 창출할 수 있는 구조를 만든 것이다. 그 결과 수많은 개발자들이 앱 하나로 억대의 수익을 올렸고, 인스타그램, 우버, 스냅챗 같은 플랫폼도 이 생태계에서 출발했다.

아이폰은 애플의 기업 가치를 급격히 끌어올려, 2020년대 초 세계 최초로 시가총액 2조 달러를 돌파했다. 또한 수백만 개의 일자리와 수천억 달러 규모의 새로운 시장을 만들었다. 아이폰은 창의성이 기술을 넘어 경제적 가치와 사회적 구조까지 바꿀 수 있다는 것을 입증한 사례이다.

이렇게 한 명의 개발자가 만든 애플리케이션이 전 세계 수억 명의 일상을 바꾸고, 개인 유튜버가 수많은 기업보다 더 큰 영향력을 가지는 시대가 되었다. 이는 창의성이 더 이상 특별한 일부 사람들의 전유물이 아니며, 모든 개인에게 열려 있는 잠재적 자산이라는 것을 보여준다. 이처럼 창의성이 중심이 되는 시대에는 개인의 가능성과 자율성이 보장되어야 한다. 이는 곧 자유주의의 실현과 맞닿아 있다.

자유주의는 단순히 규제로부터의 해방만을 의미하지 않는다. 진정한 자유는 스스로의 사고를 펼치고, 타인의 자유를 존중하며, 자신의 독창성을 사회에 구현할 수 있는 환경에서 비로소 완성된다. 억압된 사회에서는 창의성이 꽃필 수 없다. 다양성과 개성을 포용하고, 실패를 허용하는 문화 속에서만 진정한 창의가 발현될 수 있다. 따라서 창의성이 중요한 시대일수록, 개인의 표현의 자유와 사고의 자율성을 보장하는 자유주의적 가치가 필수적이다.

국가적 차원에서도 창의성은 더 이상 선택이 아니라 생존의 조건이다. 기술과 정보가 시시각각 바뀌는 글로벌 경쟁 속에서, 기존의 자원 중심 성장 전략은 한계를 드러내고 있다. 그에 반해, 창의적 인재들이 끊임없이 혁신을 시도하고 새로운 가치를 창출하는 국가는 지속적인 성장을 이룰 수 있다. 다시 말해, 국가의 미래는 창의적인 개인들의 집합적 역량에 달려있으며, 이를 뒷받침하는 제도와 문화가 그 어느 때보다 중요해졌다.

요컨대 문명사의 변화는 인간이 지닌 능력 중에서도 창의성이라는 요소를 전면에 부각시키고 있다. 단순노동이 아닌 창조적 사고, 모방이 아닌 발명, 수동적 순응이 아닌 주체적 선택이 우리 시대의 핵심 역량이 되었다. 이 변화는 단순한 기술적 진보가 아니라 인간에 대한 새로운 요구이며, 사회와 국가가 창의성을 중심에 두고 다시 설계되어야 함을 의미한다. 그러므로 이제 '왜 창의성이 중요한가'를 넘어서, '어떻게 창의성을 보호하고 키울 것인가'에 집중해야 한다.

공동체

자유는 자유 그 자체로 존립할 수 없다. 역설적이지만 **자유는 공동체 속에서만 실현 가능하다. 왜냐하면 자유주의는 그 자체에 자유를 파괴하는 요소를 포함하고 있기 때문이다.**

자유주의는 인류의 역사 속에서 개인의 존엄과 권리를 지키며 문명의 발전에 크게 기여해 왔다. 그러나 자유주의가 극단으로 치달을 때, 그 긍정적 가치조차 스스로 파괴하는 결과를 낳을 수 있다. 이른바 이기적 자유주의, 배타적 자유주의, 방임적 자유주의로 전락한 자유주의는 오로지 개인의 이익만을 추구하며 이웃의 고통과 사회적 책임을 외면한다. 그 결과 강자의 자유만이 강조되고, 약자의 자유는 점차 침해되며, 공동체는 분열되고 붕괴된다. 이는 궁극적으로 자유주의의 자기부정이다. 왜냐하면 공동체가 해체되면, 개인의 자유 역시 더 이상 지속될 수 없기 때문이다.

따라서 진정한 자유는 혼자만의 공간에서 완성되는 것이 아니다. 인간은 태생적으로 공동체적 존재이며, 개인의 자유와 행복은 사회·국가·가족 등 다양한 공동체 속에서만 온전히 실현될 수 있다. 자유주의가 지속 가능하려면 공동체적 책임과 연대의 가치가 필수적이다. 앞 장에서도 강조된 바와 같이, 바로 이러한 문제의식에서 '공동체자유주의'가 제안된다. 공동체자유주의는 자유주의의 본질을 지키되, 그것이 이기적·파괴적 성향으로 흐르지 않도록 '배려와 포용', '사랑과 품격'이라는 공동체적 미덕을 더한 자유주의다.

공동체자유주의는 자유와 공동체를 양립 불가능한 가치로 보지 않는다. 오히려 공동체는 자유를 위한 토양이며, 자유는 공동체의 건강함 속에서 비로소 꽃필 수 있다고 본다. 자유가 자아의 실현이라면, 공동체는 이웃의 성취를 돕는 장이다. 자유는 자기완성의 길이고, 공동체는 타인과 함께 성장하는 길이다. 이 두 가치가 조화롭게 융합될 때, 개인은 진정한 자유를 누릴 수 있으며, 사회는 지속 가능한 발전을 이룰 수 있다.

공동체자유주의는 또한 두 가지 중요한 원리를 강조한다. **첫째는 개인 행복의 원리다.** 인간은 고립된 개인으로서 존재하는 것이 아니라, 공동체 안에서 비로소 의미 있는 행복을 누릴 수 있다. 건강한 공동체는 구성원에게 소속감과 안정감을 주며, 이를 통해 개인은 심리적·사회적 만족을 얻는다. **둘째는 국민 통합의 원리다.** 공동체의 연대와 가치가 무너지고 사회가 대립과 분열로 치달을 때, 어떤 정치적 통합도 실현될 수 없다. 진정한 국민 통합은 공동체적 가치와 연대가 존중될 때 비로소 가능하다.

우리가 추구해야 할 공동체는 단지 국가공동체만이 아니다. 가족,

사회, 국가, 역사, 자연 등 인간이 속해 있는 모든 공동체가 여기에 포함된다. 각각의 공동체는 고유한 가치와 목적을 지니며, 이를 실현할 때 그 공동체는 건강하게 유지될 수 있다. 공동체를 소중히 여긴다는 것은 바로 이 가치와 목적의 성취를 돕는 것이다. 가족 공동체에서는 사랑과 헌신, 사회 공동체에서는 상호 신뢰와 책임, 국가공동체에서는 정의와 통합, 역사공동체에서는 전통과 계승, 자연공동체에서는 생명과 조화라는 가치들이 실현되어야 한다.

결국, 공동체자유주의란 자기 자신만의 자유가 아니라, 이웃의 자유와 공동체 전체의 조화로운 발전을 함께 고려하는 자유를 뜻한다. 그것은 타인을 향한 배려와 포용이 있는 자유이며, 동시에 공동체를 존중하고 그 가치를 지켜나가는 책임 있는 자유다. 21세기의 대한민국이 나아가야 할 방향은 이와 같은 공동체자유주의에 기초하여, 개인의 자유와 공동체의 지속 가능성이 균형을 이루는 사회를 만드는 것이다. 이런 사회에서만 진정한 자유는 지속되고, 모두의 행복이 가능해진다.

공동체자유주의는 시대적 변화에서도 요구된다. 1990년대 이후 세계는 본격적인 세계화와 정보화의 시대로 진입했다. 이런 변화에 따라, 국가 간 소득 격차는 어느 정도 완화되는 추세를 보였지만, 한 국가 내부에서의 소득 불평등, 즉 계층 간 격차는 오히려 더욱 심화되고 있다. 특히 중산층이 점차 줄어들고, 상위 소득층과 하위 계층 간의 경제적 간극이 커지는 양극화 현상은 세계적 흐름이자 한국 사회의 현실이기도 하다.

이러한 상황이 지속될 경우, 국가 전체의 경제적 총량은 증가할지

몰라도, 소득 분배의 악화로 인해 사회적 긴장과 대립, 심리적 소외와 공동체 해체로 이어질 수 있다. 사회적 약자는 점점 더 구조적으로 고립되고, 중산층은 무너지고, 상위 계층은 특권을 세습하는 사회 구조는 결국 공동체의 지속 가능성을 위협한다. 이로 인해 개인의 자유조차 불안정해지고, 공동체와 개인 모두의 행복이 붕괴될 수 있다.

따라서 오늘날 우리는 전통적인 자유주의의 가치를 지키되, 그 부작용을 보완하고 극복할 수 있는 새로운 가치체계가 필요하다. 바로 이 지점에서 공동체자유주의는 중요한 해답을 제시한다. 공동체자유주의는 단순히 개인의 권리와 자유를 넘어, 사회적 약자를 보호하고, 계층 간 이동성을 회복하며, 국민 개개인이 사회적 연대와 소속감을 느낄 수 있도록 돕는다. 이것은 자유의 지속 가능성을 보장하기 위한 현실적, 철학적 요청이다.

공동체자유주의가 특히 대한민국에 절실한 이유는 국가 발전의 특수한 단계와도 깊이 연관되어 있다. 대한민국은 지난 수십 년간 산업화와 민주화를 압축적으로 경험했다. 산업화는 경제적 자유주의의 토대 위에서, 민주화는 정치적 자유주의의 토대 위에서 추진되었다. 그 결과 빠른 속도로 경제성장과 제도적 자유를 성취해 왔다.

하지만 압축성장의 이면에는 자유주의의 부작용도 누적되어 왔다. 재벌 중심의 독과점 구조, 정치·경제 권력의 유착, 황금만능주의, 불공정 특혜 구조, 그리고 소득 분배의 악화 등이 그것이다. 사회적 갈등은 점점 격화되었고, 공동체는 점차 허약해졌다.

이제 대한민국은 산업화와 민주화의 단계를 넘어 '선진화'라는 새로운 과제로 나아가야 한다. 단순한 경제 규모의 확대나 정치제도의 정착만으로는 충분하지 않다. 공동체적 가치와 연대를 회복하고, 자유와 책임, 개인과 공동체가 균형을 이루는 사회를 만들어야 진정한 선진국, 성숙한 자유주의 국가로 발돋움할 수 있다. 이러한 맥락에서 공동체자유주의는 지금 한국 사회가 마주한 시대적 과제이자 역사적 요청이다. 공동체를 다시 세우고, 자유의 본래 의미를 되살리는 것만이 지속 가능한 발전, 국민 통합, 사회 정의, 개인의 행복을 함께 달성할 수 있는 길이다.

현 단계인 한국 민주주의에서도 공동체자유주의가 필요하다. 대한민국의 민주화는 기본적으로 선거를 통한 국민대표 선출, 즉 절차적 민주주의의 성공으로 평가된다. 이는 민주주의의 시작점이자 중요한 토대지만, 인간의 존엄성과 자유, 법치주의, 권력 분립, 공동체 가치의 실현 등 실질적인 민주주의의 내용은 아직 미완성이다. 그 결과 한국 정치에는 포퓰리즘, 이익집단 민주주의, 정당 구조의 부실, 법치의 약화와 같은 구조적 문제가 지속되고 있다. 이러한 현상은 국민 전체의 이익이나 국가의 장기적 발전보다는, 정치인의 사적 이익과 정파적 이해가 우선시되는 현실을 보여준다.

이처럼 한국 정치가 겪고 있는 한계를 극복하기 위해서는, 공동체의 가치와 연대를 중시하는 정치 철학, 즉 공동체자유주의의 원칙이 절실히 요구된다. 공동체자유주의는 한편으로 개인의 자유와 권리를 존중하면서, 다른 한편으로는 공공의 이익과 공동선을 중시하는 균형 감각을 제시한다. 이는 정치가 개인의 사적 이익이 아닌, 공동체 전체의 지속 가능성과 통합을 목표로 삼도록 유도한다.

그러나 공동체자유주의는 결코 전체주의나 집단주의와 혼동되어서는 안 된다. 전체주의나 집단주의는 국가나 특정 계급, 정당, 지도자의 이념을 절대화하며, 개인의 자유와 이성, 양심을 억압하는 체제다. 공산주의, 파시즘, 계급 독재 등의 예에서 보듯, 이러한 체제에서는 자유로운 시민 사회나 자발적 공동체 정신이 설 자리가 없다.

반면 공동체자유주의는 대화, 설득, 교육을 통해 시민 개개인의 양식과 이성을 존중하며, 자발적 참여와 연대를 추구한다. 그것은 강제적 방식이 아니라, 시민 각자가 공동체의 일원으로서 품격 있게 자유를 누리면서도 공동선을 위해 책임을 다하는 문화를 지향한다.

정치 영역에서도 이러한 공동체자유주의가 뿌리내릴 때, 진정한 민본적 민주주의, 즉 국민과 공동체의 이익이 중심이 되는 실질적 민주주의로 나아갈 수 있다. 이는 선진 민주 국가로 가는 필수적인 과정이며, 대한민국 정치가 포퓰리즘과 정파주의를 넘어설 수 있는 대안적 비전이다.

공동체자유주의는 단지 정치나 경제 영역에만 국한되는 협소한 이념이 아니다. 그것은 인간을 개별적인 존재로 보지 않고, 시간과 공간 속의 관계적 존재, 즉 역사와 자연의 흐름 속에서 서로 연결된 존재로 인식하는 폭넓은 관점이다. 특히 동양사상에 기반한 공동체적 세계관은 역사공동체와 자연공동체까지 포괄한다.

서양의 공동체 사상은 대체로 사회공동체나 국가공동체 중심으로 전개되어 왔다. 그 안에서는 개인의 자유와 권리, 그리고 사회계약적 관계가 중심적 개념이다. 이에 반해, 동양의 공동체 사상은 개인과 사회, 국가를 넘어 역사와 자연에 이르기까지 존재 전체를 포괄하는 관계망을 중요하게 여긴다. 동양에서는 인간을 고립된 개체가 아니라, 시간적 · 공간적 관계 안에서 끊임없이 형성되고 변화하는 존재로 본다.

즉 인간은 자신만의 현재에 고립된 존재가 아니라, 과거 조상으로부터 이어져 온 흐름의 한 국면이며, 동시에 미래 세대에게로 이어지는 시간적 연속성의 일부이다. 이러한 인식은 인간을 역사공동체의 일원으로 자각하게 하며, 조상과 후손, 그리고 민족과 인류 전체에 대한 책임 의식을 불러일으킨다. 나아가 이 시간적 관계 속에서, 인간은 공동체적 유산을 물려받고 또 물려줄 존재로 이해된다.

또한 동양사상은 인간과 자연의 관계에 있어서도 서양과 다른 관점을 취한다. 서양에서는 자연을 인간의 외부에 있는 대상으로 보며, 인간이 이를 개발 · 통제하고 이용하는 것이 문명의 진보라고 여긴다. 그러나 동양에서는 자연을 인간과 대등하고 상호 의존적인 생명의 공동체로 바라본다. 인간은 자연으로부터 고립된 주체가 아니라, 자연이라는 거대한 존재공동체의 일부이며, 그 안에서 상생과 조화를 추구해야 한다고 본다.

따라서 공동체자유주의는 단순히 사회적 연대나 국가적 책임에 머무르지 않는다. 그것은 인간이 역사의 흐름 속에서 과거와 미래를 잇는 존재임을 인식하고, 자연과 더불어 살아가는 삶의 태도를 강조하는 사상이다. 이처럼 정치, 경제, 사회를 넘어 역사적 책임 의식과 생태적 연대감까지 포괄하는 공동체자유주의는 21세기 인류가 직면한 복합적 위기—예컨대 세대 갈등, 환경 파괴, 문화 단절 등—에 대한 실질적 해법을 제시할 수 있는 철학적 기반이 된다.

결국, 공동체 자유주의는 인간을 개별적 자유의 주체로 존중하되, 그 자유가 타인, 역사, 자연과의 조화로운 관계 안에서 실현되어야 한다는 깊이 있는 통합적 시각을 제공한다.

품격

품격은 제도나 법률이 아닌 인격에서 나오는 것이다. 자유주의는 인간의 존엄과 권리를 보장하며, 인류 문명을 발전시킨 위대한 사상이다. 하지만 자유주의 그 자체가 품격을 보장하는 것은 아니다. 오히려 자유주의가 절제 없이 폭주할 경우, 그 본래의 가치조차 파괴하는 아이러니에 빠지게 된다. 자유가 공동체로부터 완전히 분리된 채, 오로지 개인의 이익만을 추구하는 도구가 될 때, 사회는 필연적으로 이기심과 배타성, 강자 중심의 권력 논리에 의해 황폐화된다. 약자의 자유는 보호받지 못하고, 이웃의 고통은 외면되며, 인간관계는 파편화된다.

한국 사회에서 자기 개인과 진영 이익에 가장 충실하고, 품격이 가장 낮은 분야가 정치이다.

우리나라 민주주의를 빨리 좀 회복하고 달성하려면 어떻게 해야 됩니까? 그러면 아 저것들도 단호하게 한번 확 쓸어버려야 안 되겠나? … 그러면은 아주 가장 쉬운 방법이 있죠. 여러분들 주변에 많은 '2찍'들이 살고 계시는데, 한 날 한 시에 싹 모이라고 해 가지고 묻어

버리면, 그러면 세상에는 2번을 안 찍은 사람들만 남으니까, 그러면 대한민국의 민주주의는 완전히 성공하고 한 단계 도약하지 않겠습니까?

– 최강욱 전 민주당 교육연수원장, 출판기념 북토크, 2025.8.31.

한국정치에서 이런 수준의 발언이 '민주주의'의 이름으로 공공연히 이루어지고 있다. 정청래 더불어민주당 대표는 "대통령도 갈아치우는 마당에 대법원장이 뭐라고?" 말했다.(2025.9.23.) 삼권분립의 헌법정신을 공공연히 부정하는 발언이다. 여당 대표가 절대 해서는 안 되는 말이다. 1987년 민주화 이후 정치가들의 도덕적 문제는 진보 진영에서 특히 심하다. 국민 여론조사에서도 보수진영보다 진보 진영의 도덕적 수준이 낮다는 평가가 나왔다. 이런 비판이 계속되자, 양이원영 민주당 의원은 "진보라고 꼭 도덕성을 내세울 필요가 있느냐. 우리 당은 너무 도덕주의가 강하다"(2023.5.14)라는 불만도 터져 나왔다. 일종의 도덕성 포기 선언이자, 자폭 발언이다. 공직자는 일반인보다 훨씬 높은 수준의 도덕성을 요구받는다. 공적 역할을 수행하기 위한 기본적 조건이다. 그런데 한국의 정치가들은 기본적 품격조차 갖추지 못했다. 언어와 태도가 지나치게 공격적이고, 비천하고, 수준이 낮으며, 국가에 대한 책임감도 매우 약하다.

공자는 인간이 단순한 욕망이나 이익의 추구를 넘어, '예'라는 도덕적 질서로 복귀해야 한다고 보았다. 공자는 "예(禮)가 아니면 보지도, 듣지도, 말하지도, 행하지도 말라"(非禮勿視, 非禮勿聽, 非禮勿言, 非禮勿動)

고 말했다. 이 가르침은 자기 절제와 도덕적 판단, 그리고 공동체적 배려의 중요성을 강조한다. 공자의 '극기복례(克己復禮)'는 공동체자유주의의 철학적 뿌리와도 연결된다. 자유를 누리는 주체는 단지 법적 권리를 주장하는 시민이 아니라, 자발적으로 품격 있는 행위를 선택할 수 있는 성숙한 인간이어야 한다.

이런 원칙은 오늘날의 정치인들에게도 유효하다. 법의 경계를 넘지 않았다고 해서 모두 용납되는 것이 아니다. 정치 지도자가 공동체의 신뢰를 무너뜨리는 언행을 반복하고, 공적 책임보다 사적 생존과 방어에 몰두할 때, 국민은 정치 전체에 냉소하고 민주주의의 건강한 작동을 포기하게 된다. 이는 결국 민주주의의 자기부정이자 붕괴로 이어질 수 있다.

이러한 맥락에서 공동체자유주의는 단순히 자유주의의 보완재가 아니라, 자유주의의 품격과 지속 가능성을 회복시키는 철학적 대안으로 등장한다. 공동체자유주의는 자유를 이기적 소유의 관점에서 벗어나, 배려와 포용, 사랑과 품격이 담긴 자유로 재해석한다. 그것은 '나만을 위한 자유'가 아니라, '이웃과 함께 누리는 자유', '사회 전체의 품격을 높이는 자유'를 지향한다.

자유가 품격을 갖추기 위해서는 공동체 속에서의 자율적 절제와 배려가 전제되어야 한다. 예컨대, 대중교통에서 젊은이가 노인에게 자리를 양보하는 행위는 법으로 강제할 수 없는 영역이다. 그러나 그 자발적 실천이야말로 사회의 품격을 보여주는 중요한 지표다. 이는 단순한 예절을 넘어, 공동체적 연대와 배려의 정신이 생활 속에서 실현되는 모습이다.

　법이 잘 지켜지는 사회는 분명 중요하다. 그러나 그보다 한 단계 성숙한 사회는, 법의 틀을 넘어서서 공동체 구성원들이 스스로 서로를 배려하고 양보하는 문화, 즉 '예치(禮治)'가 살아있는 사회다. 공동체자유주의는 이처럼 법과 예, 즉 법치와 예치가 균형을 이루는 '법례사회(法禮社會)'를 이상적 사회로 제시한다. 이는 단순한 제도적 안정이 아니라, 공동체 전체의 도덕적 성숙과 인간적 품격이 조화를 이루는 질서다.

　결국, 공동체자유주의는 자유의 개념을 개인의 권리를 주장하는 차원에서, 타인을 배려하고 공동체의 조화를 고민하는 성숙한 차원으로 끌어올린다. 이 철학이 구현되는 사회는 더 이상 힘센 자만의 자유가 아니라, 모든 이가 존중받고 함께 살아가는 인간적인 사회다. 그런 사회에서만 개인의 진정한 발전과 사회의 지속 가능한 번영이 가능하다.

　이제 우리는 단지 자유로운 사회를 넘어서, 품격 있는 자유, 배려와 존중이 흐르는 자유, 공동체 속에서 더불어 성장하는 자유를 추구해야 한다. 그 방향을 제시하는 것이 바로 공동체 자유주의이며, 오늘날 우리 사회가 반드시 나아가야 할 가치의 길이다.

2. 정당 혁신
당내 민주주의 복원, 공천제도 개편, 청년·초선 육성 플랫폼 구축

정치가에게 정당은 권력을 획득하기 위한 선거조직이다. 그러나 민주주의에서 정당은 국민의 의사를 제도화하는 통로이다. 정당이 정권을 획득하면, 정당은 국회와 행정부를 운영하는 실질적 주체이기도 하다. 즉, 정당은 법률적으로 사적 조직이지만, 실질적으로 국가를 운영하는 최고의 공적 조직이다. 정당은 단순한 선거조직이 아니라, 민주정치의 핵심 운영자이며 국민의 의사를 제도화하는 통로이다. 따라서 건전하고 책임 있는 정당의 운영은 민주주의의 질과 직결되며, 정치의 품격과 효율성에도 큰 영향을 미친다. 그러나 오늘날 한국정당의 수준은 절망적이다. 국가와 사회에 기여하기는커녕 오직 권력 획득에 매몰되어 국가와 사회의 발전을 저해하는 장애물이 되었다. 국민의힘은 더 심각하다. 10년도 안 되어 당명이 세 번 바뀌고, 2020년 국민의힘 출범 이래 8번째 비상대책위원회가 세워졌다. 정상적 정당이 아니다.

당내 민주주의의 복원

국민의힘은 한국을 대표하는 보수정당이다. 대한민국의 건국과 산업화를 완수한 훌륭한 전통을 자랑하지만, 민주주의의 전통은 상대적으로 취약하다. 그러나 1987년 타협적 민주화를 통해 유혈 사태 없이 민주주의를 안착시켰다. 그 이후 3당 합당을 통해 산업화 세력과 민주화 세력을 통합해, 역사적 통합에도 성공했다. 하지만 12.3비상계엄을 통해 민주주의에 대한 신념이 뿌리내리지 못한 것으로 드러났다. 또한 21대 대선 후보 경선 과정에서 당내 민주주의에 큰 결함이 있는 것으로 밝혀졌다.

> "우리 당은 군사 정당도 아닌데 소수가 지도부로 결정되면 나머지는 들러리 서는 모습이 너무 일상화된 것 아니냐"
>
> – 김종혁 국민의힘 전 비상대책위원, 동아일보 2023.10.30.

첫째, 한국의 정당은 모두 당내 민주주의가 취약하다. 먼저 당원과 시민이 아닌 대통령과 당대표가 정당을 실질적으로 지배하고 있다. 여당의 경우 대통령실의 여의도출장소 성격을 지니고 있다. 즉, 행정부에 대한 정당의 독립성이 매우 취약하다. 2023년 국민의힘 당대표 선거에서 그런 폐단이 여실히 드러났다. 당시 국민의힘 당대표 경선은 반칙투성였다.

공직선거법 57조는 '공무원은 그 지위를 이용하여 당내 경선에서 경선운동을 할 수 없다'고 규정했다. 정당법 49조 '당대표경선 등의 자유방해죄' 조항 2호에 따라 '선거운동, 교통 방해, 위계ㆍ사술 그 밖에 부정한 방법으로 당대표 경선 등의 자유를 방해한 자'는 처벌된다. 그럼에도 불구하고 윤석열 전 대통령은 당대표 경선에 적극 개입했다.

윤 전 대통령은 김기현 의원을 당대표로 만들기 위해 유력한 후보자인 안철수 의원을 "국정 운영 방해꾼이자 적"으로 비난했다. 또한 초선 의원 50명이 나서 "대통령 뜻을 왜곡하고, 동료들을 간신으로 매도했다"고 몰아세워, 나경원 의원을 주저앉혔다. 모두 대통령의 뜻에 따른 것이다. 통상 초선 의원은 개혁적 성향이지만, 이들조차 대통령 권력에 굴종한 것이다.

모 의원에 따르면, "윤 정부 출범 뒤 초선 카톡방에서는 내부 비판이나 건설적인 토론이 거의 사라졌다"고 지적했다. 일부의 비판적 목소리가 즉각 친윤 핵심에게 보고되자, 초선 카톡방은 정부나 의원들의 홍보·선전물만 올라오는 홍보방이 됐다. 공천권을 쥔 윤 대통령과 친윤계의 선택을 받아 국회에 입성한 초선 의원들은 처음부터 쇄신보다 주류 편에 섰다.

> "윤심이 당심이고, 당심이 민심이라고 한 것은 (대통령을) 잘못 모신 것이다. 민심이 당심이고, 민심이 윤심이 돼야 하는데 거꾸로 된 것이다."
>
> – 윤상현 의원 인터뷰, 한겨레신문 2024.7.8.

대통령이 정당 장악에 집착하는 것은 87년 헌정 체제에 근본적 문제가 있기 때문이다. 87년 체제는 국회와 대통령을 모두 국민이 직접 선출하는 이원적 정통성(dual legitimacy) 위에 서 있다. 대통령은 국정 과제의 입법을 위해서는 국회의 협조를 얻어야 한다. 대통령에게 최선은 여소야대의 국회 구성에, 여당을 지배하는 것이다. 여소야대의 경우, 대통령은 근본적 장애에 부딪힌다. 여대야소의 경우에도 여당을 정치적 반대파가 장악한 경우, 국회의 협조를 받기 어렵다. 이런 경우 대통령과 정당, 국회가 서로 타협하지 않으면, 대통령과 국회의 전쟁을 막을 방법은 없다. 여소야대에서 대통령이 '오기'를 꺾지 않고, 대통령의 오만에 국회가 '분노'하면 곧 파국이 닥친다. 김대중 대통령까지 제왕적 대통령들은 정당을 장악해 그 위기를 관리할 수 있었다. 그 이후는 그것이 불가능해졌다. 한국의 대통령은 여전히 제왕적이지만, 국회는 이제 그 대통령을 집이 아니라 감옥에 보낼 수 있다.

당정 분리를 통해 대통령의 정당 지배를 차단하는 것이 민주주의의 이상에 부합된다. 그런 이유로 당정 분리를 처음 시도한 것은 노무현 대통령이었다. 노 전 대통령은 당 총재직을 내려놓고, 공천권을 포기한 것은 정당 민주화를 위한 큰 변화였다. 그러나 현실적으로 국정 운영에 큰 문제가 생겼다. 당정 분리가 당정 단절로 나타난 것이다. 그 결과 여당은 국정에서 배제되고, 대통령은 국정 과제를 입법화하지 못했다. 노 전 대통령의 국정 지지율은 한때 12%까지 곤두박질쳤고, 식물 대통령으로 임기를 마쳤다. 노 전 대통령은 뒤늦게 당정 분리를 후회했다. 정치의 중심인 정당도 무책임에 빠졌다. 정당의 빈자리는 더 무책임한 시민단체나 각종 위원회가 채웠다.

이명박 전 대통령도 2010년 세종시 수정안이 박근혜 전 한나라당 대표의 반대로 부결되는 곤경을 겪었다. 여대야소의 경우에도 대통령이 정당을 장악하지 못해 생긴 문제였다. 박근혜 대통령의 탄핵도 새누리당 내 비박계가 찬성했기 때문이다. 정당을 장악하지 못한 대통령의 말로는 이처럼 비참하다. 그러므로 대통령의 입장에서, 당정 분리나 정당 민주화는 한가한 소리이다. 그래서 윤 전 대통령이 앞뒤 보지 않고 저돌적으로 당대표 선거에 개입했다. 그러나 그 결과 정당 민주주의가 망가지고, 여당이 대통령의 폭주를 제어하지 못하면서 총선 패배, 12.3비상계엄으로 치달은 것이다.

1987년 민주화 이후 역대 대통령들의 행태는 모두 동일했다. 대통령의 통치력(governability)을 지키려면, 정당 민주화에 앞서 정당을 지배해야 했다. 여소야대의 분점정부가 되면, 정계 개편과 정치 연합도 불사했다. 3당 합당과 DJP연합이 대표적 사례이다. 강력한 정당 파워를 가진 김대중 대통령까지는 이게 가능했다. 그러나 정당 파워가 부재한 노무현 대통령은 아예 새천년민주당을 깨고 열린우리당을 창당했다. 그 과정에서 국회의 탄핵소추까지 당했다. 박근혜 대통령은 20대 총선에 패배하고, 여당 장악에 실패한 까닭에 탄핵당해 5년여간 수감되었다.

이런 전철을 경험한 문재인 대통령은 정당 민주화를 외면하고 '당정일체의 원팀노선'을 고수했다. 정당민주주의에 집착하다 정당에 대한 지배력을 상실하면, 어떤 일이 생기는지 똑똑히 목격했기 때문이다. 그 결과 더불어민주당의 당내 민주주의가 무너지고, 이재명 당 대표 때 민주당은 당대표 개인을 지키기 위한 1인 방탄 정당으로 전락했다.

2023년 국민의힘 전당대회는 정당민주주의를 심각하게 훼손했다. 윤석열 정부의 핵심 가치인 공정과 상식도 근본적으로 무너졌다. 그 문제가 심각해져 22대 총선에서 패배하고, 12.3비상계엄에 이른 것이다. 그러나 대통령에게만 모든 책임을 돌릴 수 없다. 87년 체제하에서 대통령에게는 선택지가 매우 적기 때문이다. 가장 이상적인 대안은 대통령과 국회 사이에 수평적이고 협력적인 거버넌스를 수립하는 것이다. 그 길이 요원하다. 개헌을 포함해 87년 체제의 근본적 문제를 고쳐야 하는 까닭이다. 그렇지 않으면, 정당의 구태와 대통령의 비극이 반복될 것이다.

둘째, 국민의힘의 영남 독점이 당내 민주주의를 해치는 근본적 원인이다. 영남은 국민의힘의 강력한 지지층이지만, 그것이 정당개혁을 가로막고 결국 몰락의 원인이 되고 있다. 22대 국민의힘 지역구 의원은 89명 중 58명이 영남 의원으로서, 65.2%를 차지한다. 수도권 의석은 19석에 불과하다. 그래서 당의 의사결정은 기본적으로 영남 의원들의 이익에 의해 이루어진다. 그런데 영남에서는 공천이 곧 당선이다. 그러므로 영남 의원의 결정적 이익은 지도부를 장악해 공천권을 안전하게 지키는 것이다. 중도층과 수도권, 청년층의 지지를 얻기 위한 당의 민주적 개혁은 이들에게 불리하다. 공천을 위해 공개경쟁을 해야 할 위험이 있기 때문이다.

국민의힘에 왜 이런 분위기가 고착화된 걸까. 야권 관계자는 **"주류 60~70명만 똘똘 뭉치면 각종 외풍에도 정치생명에 지장을 받지 않고 버틸 수 있다는 영남·주류 의원들의 사고방식이 작동한 탓"**이라고 분석했다. 한 수도권 의원은 "일부 의원들 사이에선 당이 어떤 비판을 받든지 지역구만 바라보고 주말에 경조사만 열심히 돌면 장수할 수 있다는 식의 인식이 만연해 있다"고 지적했다.(중앙일보, "위기의 보수③", 2025.8.19.)

21대 대선 후 국민의힘은 거의 괴멸 상태의 위기에 빠졌지만, 혁신안은 모조리 좌절됐다. 윤희숙 국민의힘 혁신위원장이 당 대표를 뽑는 2025년 8·22 전당대회 룰을 '당원투표 80%, 국민여론조사 20%'에서 여론조사 100%로 바꾸는 혁신안을 당 비상대책위원회 회의에 보고했다. 영남에 집중된 당원의 영향력을 줄여, 민심에 부합하는 정당으로 변신하기 위한 근본적 개혁안이었다. 그러나 윤 위원장은 "한 마디를 반박하면 열 마디 면박이 돌아왔다. 쉽게 말해 다구리(몰매)였다"며 "옛 친윤계 등 당 주류와 강성 당원의 눈치를 보는 지도부의 기류가 피부로 느껴졌다"고 고백했다. 결국 혁신안은 모두 사장됐다. 당 중진인 윤상현 의원은 "당이 영남 중심이다 보니 공천에 매달릴 수밖에 없고, 당 지도부나 대통령에게 바른 소리를 전달 못 하는 것"이라고 지적했다.

셋째, 국민의힘은 당내 민주주의는 물론이고, 헌법상의 민주주의를 수용하지 못하는 한계를 노정하고 있다. 12.3비상계엄은 한국 민주주의의 민낯을 드러냈다. 비서구 국가의 민주주의는 험난하다. 중국은 글로벌 파워 2위 국가지만, 민주주의는 148위로 거의 바닥이다. 하지만 한국은 1987년 민주화 덕분에 "경제 발전을 추구하면서도 급진화하지 않고 불안정하지 않으며, 내전이 벌어지지 않았던, 제대로 작동하는 민주주의 체제의 모범을 보여준 곳"(D. Slater, 미시간대 교수)이란 평가를 받았다. 영국 경제지 이코노미스트지(紙)도 2023년 한국 민주주의 지수를 세계 22위, '완전한 민주주의' 국가로 분류했다. 그러나 2024년에는 세계 32위, '결함 있는 민주주의'로 떨어졌다. 12.3비상계엄의 결과다.

민주주의의 위기가 시작된 건 노무현 정부 때부터였다. 노 전 대통령은 산업화와 민주화 세력, 보수와 진보의 대타협이라는 1987년 민주화의 대전제를 깼다. 그는 "보수는 약육강식, 그것이 우주의 섭리 아니냐는 쪽에 가깝다. 진보는 더불어 살자, 연대다."(2004년 연세대 초빙연설)라고 말했다. 정치적 양극화에 불이 붙고, 정치는 '경쟁'이 아니라 '전쟁'이 되었다. 대통령들은 탄핵되거나, 죽거나, 감옥에 갔다. 민주주의 퇴행(democratic backsliding)이 뚜렷했지만, 민주주의 붕괴(democratic breakdown)는 아니었다. 12.3비상계엄은 민주주의가 붕괴 직전에 멈춘 것이다. 21대 대선 승리 후 더불어민주당은 단순한 민주주의 결여를 지나 연성 독재(soft despotism)로 나아가고 있다. 입법부, 행정부를 장악한 이재명 정부는 이제 사법부 장악에 나섰다. 대법원장 청문회를 강행하는 추미애 법사위가 그 선봉장이다. 검찰을 해체하고, 모든 수사권을 행정부가 장악했다. 예산권도 대통령실로 옮겼다. 모두 합법적이다. 하지만 권력을 통제하는 빗장이 풀렸다. 그대로 가면 결국 무슨 일이 일어날지 명백하다. 2,500전 플라톤은 "폭정은 다른 어떤 정치체제보다 민주주의에서 비롯될 가능성이 크다"고 경고했다. 지금 한국에서 그 일이 일어나고 있다.

하지만 헌법에서 규정하고 있는 민주주의를 수용하지 못하는 것은 국민의힘 역시 동일하다. 윤석열 전 대통령의 12.3비상계엄에 대한 헌법재판소의 판결은 그 점을 다음과 같이 지적하고 있다.

피청구인 내지 정부와 국회 사이의 이와 같은 대립은 일방의 책임에 속한다고 보기는 어려우며, 이는 민주주의 원리에 따라 조율되고 해소되어야 할 정치의 문제이다. 이에 관한 정치적 견해의 표명이나 공적인 의사결정은 어디까지나 헌법상 보장되는 민주주의의 본질과 조화될 수 있는 범위에서 이루어져야 한다. ⋯ 피청구인은 야당이 다수의석을 차지한 제22대 국회와의 대립 상황을 병력을 동원하여 타개하기 위하여 이 사건 계엄을 선포하였다. ⋯ 피청구인은 국회를 배제의 대상으로 삼았는데, 이는 민주정치의 전제를 허무는 것으로 민주주의와 조화된다고 보기 어렵다. ⋯ 피청구인은 헌법과 법률이 정한 계엄 선포의 실체적 요건이 충족되지 않았음에도 절차를 준수하지 않은 채 계엄을 선포함으로써 부당하게 군경을 동원하여 국회 등 헌법기관의 권한을 훼손하고, 정당활동의 자유와 국민의 기본적 인권을 광범위하게 침해하였다. 이는 국가권력의 헌법과 법률에의 기속을 위반한 것일 뿐 아니라, 기본적 인권의 보장, 권력분립원칙과 복수정당 제도 등 우리 헌법이 설계한 민주주의의 자정 장치 전반을 위협하는 결과를 초래하였다. 피청구인이 이 사건 계엄의 목적이라 주장하는 '야당의 전횡에 관한 대국민 호소'나 '국가 정상화'의 의도가 진실이라고 하더라도, 결과적으로 민주주의에 헤아릴 수 없는 해악을 가한 것이라 볼 수밖에 없다. ⋯ 헌법과 법률을 위배하여, 헌법수호의 책무를 저버리고 민주공화국의 주권자인 대한국민의 신임을 중대하게 배반하였다.

—헌법재판소 2025. 4. 4.자 2024헌나8 결정 [대통령(윤석열) 탄핵]

요점은 12.3비상계엄이 국회를 배제의 대상으로 간주한 것은 민주 정치의 전제를 허물었을 뿐 아니라 비상계엄의 실체적 절차적 요건을 준수하지 않은 결과 "민주주의에 헤아릴 수 없는 해악을 가한 것"이라고 판결했다. 국민의힘은 공식적으로는 헌법재판소의 판결에 승복했다.

> 존경하는 국민 여러분, 안타깝지만 국민의힘은 헌법재판소의 결정을 무겁게 받아들이며, 겸허하게 수용한다. 생각과 입장이 다를 수 있겠지만, 헌법재판소의 판단은 헌정 질서 속에서 내린 종국적인 결정이다. 우리는 이 결정을 존중하는 것이 민주주의와 법치주의를 수호하는 길임을 굳게 믿는다. 우리 사회가 성숙한 민주국가로 한 걸음 더 나가는 과정이라고 생각한다.
> ─권영세 비상대책위원장, "현안 관련 기자회견 주요내용" 2025.4.4.

하지만 국민의힘은 정당 차원에서 헌재의 판결을 부정했다. 21대 대선 후보로 탄핵반대파인 김문수 후보가 선출된 게 그 근거이다. 김 후보는 수락 연설 서두에서 "수많은 국민들의 함성에도, 대통령은 탄핵됐다"며, 탄핵 반대를 확고하게 재천명했다. 즉, 김 후보에게 21대 대선의 정치적 의미는 12.3비상계엄의 정당성을 입증하는 것이었다. 국민의힘 비대위원장인 김용태 의원의 주도로 국민의힘은 대선 투표 이틀 전에야 '윤석열과 절연'을 선언했다. 결국 대선에서 패배했다.

김문수 후보는 6월 4일 선거대책위원회 해단식에서야 비로소 "우리 당이 민주주의에 대한 기본적 이해와 신념, 그걸 지키기 위한 투철한 사명이 없"었던 게 패배 원인이라며 회한의 심정을 토로했다. 또한 "민주주의에 가장 기본이 되는 것에 대해서는 양보할 수 없고 타협할 수 없고 단호한 거부"가 필요하다고 역설했다. 하지만 탄핵 문제는 끝내 거론하지 않았다.

지난 6월 8일 김용태 비상대책위원장은 "탄핵의 강을 넘지 못하는 보수에게 미래는 없다"며, 탄핵 반대 당론의 무효화 등 5대 개혁안을 제시했다. 하지만, '내부총질'이라는 싸늘한 눈총만 돌아왔다. 당 개혁을 논의하기 위한 의원총회도 돌연 취소되었다. 지난 대선에서 국민은 국민의힘에 매우 명확하게 '민주주의'를 요구했다. 하지만 국민의힘 제6차 전당대회는 찬탄파와 반탄파의 대결로 얼룩졌고, 다시 반탄파 장동혁 대표가 선출되었다. 지금 국민의힘이 발밑부터 무너지고 있는 건, 여전히 민주주의 문제 때문이다.

넷째, 종교 집단의 정당 개입이 당내 민주주의의 새로운 위협으로 등장했다. 지난 9월 18일 김건희 특검팀은 국민의힘 당원명부 데이터베이스(DB) 관리업체를 압수 수색했다. 그 결과 500여만 명의 국민의힘 당원 중 통일교 교인으로 추정되는 11만여 명이 확인됐다.

국민의힘의 당내 민주주의와 관련된 것은 통일교가 국민의힘 선거에 조직적으로 개입했다는 의혹이다. 특검에 따르면, 2023년 3월 국민의힘 3차 전당대회의 당대표 선거에 앞서 통일교인들이 집단적으로 입당했다. 선거 넉 달 전, 김 여사는 교인들을 "입당시켜 특정 후보를 밀어달라"고 요청했다고 한다. 선거 투표권을 가진 권리당원은 3개월 이상 당비를 납부해야 한다. 당시 선거에는 46만여 명이 투표했다. 만약 통일교인 당원 11만여 명이 조직적으로 움직였다면, 그 영향은 결정적이었을 것이다. 현재 수사를 받는 통일교 측 인사는 전당대회 후 권성동 의원이 "애써줘서 고맙다. 보은할 길을 찾겠다"고 말한 것으로 진술했다.

하지만 송언석 원내대표는 통일교인 당원 수는 '통계학적 정상'이라고 주장했다. 당원 500만은 국민의 10%니, 통일교인 120만의 10%인 12만 명 정도는 자연스럽다는 것이다. 문제는 이들이 언제 입당했는지, 또 입당이 교단 차원의 지시에 따른 건지의 여부다. 만약 교단 지시에 따라 일제히 집단 입당했다면 정당법 위반이다. 구체적으로 정당법 제49조 2항 '부정한 방법으로 당대표 경선 등의 자유를 방해'한 혐의다. 더 심각한 건 2023년 이후 국민의힘의 정통성에 큰 구멍이 생긴다는 것이다. 올해 대선 후보와 당대표 선거 결과도 자유롭지 않다.

정교분리 사안도 문제다. 특검은 통일교 측이 '정교일치' 이념을 실현하기 위해 이런 일을 벌였다고 공소장에 적시했다. 통일교(세계평화통일가정연합)는 2대 교주 한학자 총재를 '참어머니'로 신격화하고, 세계 단일 국가인 '천주평화통일국(천일국)' 설립을 지향한다. 유엔 제5사무국 한국 유치 노력도 그 일환이다. 직접 창당도 했다. 2003년에 천주평화통일가정당, 2007년에는 그 후신으로 평화통일가정당을 세웠다. 하지만 효과가 없자, 윤 대통령 부부와 국민의힘에 접근했다는 것이다. 그러나 통일교 측은 '참부모의 뜻이 실현되는 나라'를 지향할 뿐, 국가나 정당을 지배하려는 건 아니라고 주장한다.

정청래 더불어민주당 대표는 헌법 20조 2항 "국교는 인정되지 아니하며, 종교와 정치는 분리된다"를 들어, 국민의힘 해산을 주장했다. 그러나 정당이 특정 종교이념을 지향하는 것은 위헌이 아니다. 다만 특정 종교의 교리나 지시에 따라 국가를 통치하거나 '민주적 기본질서'를 어기면 위헌이다. 그런데 홍준표 전 대구시장은 신천지 신도 10만여 명도 국민의힘 책임당원으로 가입했다고 주장했다. 모두 의혹 단계지만, 사실로 밝혀지면 민주정당의 기반을 허무는 중대한 문제이다.

공천제도 개편

공천제도 개혁은 정치 개혁 중 가장 어렵다. 정치가의 가장 강력한 동기는 권력의 획득과 유지이고, 공천은 그 조건이기 때문이다. 따라서 공천제도는 정치가, 특히 현역 의원의 기득권이 가장 강하게 고착된 지점이다. 그러므로 공천개혁의 핵심은 의원의 기득권을 해체해 일반 국민, 혹은 정치 지망자들에게 공정한 기회를 제공하는 것이다. 하지만 성공하기 매우 어렵다.

공천의 본래 목적은 좋은 정치가를 충원하는 것이다. 그러기 위해서는 공천제도가 개방적이고, 공정하고, 투명해야 한다. 그러나 과거 한국정당의 공천제도는 그런 역할을 제대로 수행하지 못했다. 그 이유는 정당이 정치 보스의 사당(私黨) 성격이 강했기 때문이다. 과거에 공천은 제왕적 당 총재 1인의 의사에 의해 좌우되었다. 정치 보스는 본인에게 충성하는 가신들에게 공천을 분배했다. 공천은 계파를 보존하는 가장 강력한 수단이었다. 권력을 계속 유지하려는 의원은 국가가 아니라 정당 보스에게 충성을 다했다. 그래야 공천을 받을 수 있기 때문이다.

22대 총선 공천 때 더불어민주당의 반(反) 이재명세력은 모두 비명횡사했다. 찍히면 죽는다는 공포감이 퍼지며, 당내 이견과 비판이 사라졌다. 그 빈 자리에 '민주당의 아버지는 이재명'류의 아첨이 넘쳤다. 정청래 의원은 이재명 자서전을 "흐느끼며 읽었다"고 한다. 아부가 성행하고 비판이 사라진 건 동전의 양면이다. 민주화 세력이란 민주당의 자부심과 정체성은 공천 앞에서 휴지 조각이 됐다. 21대 민주당 대선후보 경선에서 이재명 후보는 89.77%를 얻었다. 민주주의 경선으로 보기 어렵다. 제왕적 총재로 불린 김대중 전 대통령도 78.04%에 그쳤다. 이재명 당대표는 공천권을 통해 민주당을 확고하게 이재명 개인 정당으로 만들었다. 그것으로 22대 국회를 이재명의 범죄를 막는 방탄 정당화함으로써, 국정을 논의하는 공적 기관으로서의 국회를 망가뜨렸다. 민주당이 지배하는 국회는 이재명 대표의 사법 리스크를 막고자 행정부를 마비시키고, 검찰과 사법부도 공격했다. 결국 이재명 대표는 대통령까지 되었다. 공천제도가 얼마나 중요한지 알 수 있다.

국민의힘도 상황이 같았다. 윤석열 전 대통령의 취임 뒤 이준석 당대표가 축출된 것은 2022년 지자체 선거와 2024년 총선의 공천권을 둘러싼 싸움이었다. 기득권을 가진 영남권 의원들과 윤 전 대통령이 공모해 이준석 대표를 제거했다. 그 자리에 김기현 의원을 세우기 위해, 윤 전 대통령은 안철수, 나경원, 유승민 등 유력 주자들을 무차별 공격했다. 초선 의원들이 대통령의 뜻에 따라 특정 주자를 비난하는 연판장에 집단 서명한 것은 공천에서 배제될까 두려웠기 때문이다. 당시 수도권 지역 모 의원은 친윤 의원의 협박에 공포감을 느꼈다고 한다. 결국 공천권을 수단으로 한 대통령의 협박과 공작이 통했다. 국민 여론을 대통령에게 전해야 할 정당 기능도 망가졌다. 그 결과 대통령의 폭주가 시작되고, 12.3비상계엄에 이를 때까지 아무도 제어할 수 없었던 것이다.

그래서 **한국정당은 물론이고 한국 정치 개혁의 시작과 끝은 폐쇄적 공천제도이다.** 한국의 정당개혁이 기본적으로 정치 보스의 영향력을 제한하고 당원과 유권자의 참여를 늘리는 개방성의 확대를 지향한 것도 이 때문이다. 한국정당은 정당보스의 대명사인 3김이 퇴장하고, 2000년 '총선시민연대'의 낙천 낙선운동 같은 시민사회의 압력이 커지면서 폐쇄성을 개혁하는 정당 민주화의 길에 들어섰다. 2002년 새천년민주당의 국민참여경선은 한국정당의 공천에서 획기적 변화를 초래한 분기점이었다. 다수의 일반 국민이 참여했기 때문이다. 그 결과 노무현이 경선에서 승리하고 대통령에 당선되었다. 외형상으로 혁명적 변화였고, 실질적 변화도 이루어냈다. 그러나 2004년의 지구당 폐지로 인해 정당의 하부조직이 사라지면서 중앙집권성이 더 강화되었다. 결론적으로 보면, 개방성은 정당민주주의를 강화하지 못했고, 오히려 정당 자체를 약화시켰다.

첫째, '개방형 경선'의 외피 아래 실질적 중앙집권화가 유지되었다.
즉, 개방성이 분권화와 함께 확대되지 못한 결과 정당은 정당 고유의
기능을 상실하고 일종의 경선 플랫폼으로 바뀌었다. 2000년대 이후 보
수, 진보 정당 모두 당의 개방성이 매우 높아졌다. 그런데 개방성이 확
대된 만큼 공천 주체의 참여는 늘지 않았다. 2004년 이후 여론조사 기
반 '개방형 경선'이 도입되었다. 그러나 경선의 질적 설계·운영은 중
앙당이 주도했다. 중앙당이 여론조사 문항, 방식, 표집 등 실질적 결정
권을 보유했다. 2016년 총선 때, 국민의힘 계열(당시 새누리당)은 여론조
사 100% 방식을 채택함으로써 당원의 의견은 사실상 배제되었다. 즉,
명목상 개방이지만, 실질은 중앙에서 독점했다. 그 결과 당원의 역할
이 실종되고, 책임정치의 기제는 약화되었다.[3]

둘째, 계파 패권주의로 인한 공천의 공정성이 훼손되었다. 공천 과정
이 정당 내 계파 간 권력 다툼의 수단으로 활용되면서, 공정성과 절차
적 정당성이 심각하게 훼손되는 사례가 반복되었다. 대표적인 예로,
2016년 제20대 총선 전 '공천 파동'에서 박근혜 대통령을 대변하는 새
누리당 공천관리위원장 이한구가 친박계 중심의 일방적 공천을 주도
하였다. 그 결과 김무성 대표와 극심한 갈등을 빚고, 유승민, 이재오,
김용태 등 비박계 주요 인사들이 공천에서 배제되었다. 친박계가 공천
관리위원회를 장악함에 따라 전략공천 및 단수공천이 남발되었다. 이

---

3 이하 논의는 다음 연구에 따른 것이다: 윤왕희, 「공천제도 개혁과 한국 정당정치의 변화에 관한
   연구」, 서울대학교대학원 정치외교학부 정치학전공 박사학위논문, 2022.

러한 공천 과정은 계파 갈등을 심화시키는 동시에, 당내 민주주의와 정당 전체에 대한 유권자의 신뢰를 저해하는 결과를 초래하였다.

셋째, 그 결과 당원의 공천 참여가 형식화되었고, 유권자는 수동화되었다. 2004년 이후 공천 과정에서 일반 국민 여론조사의 비중이 점차 확대되며 외형적으로는 참여민주주의가 강화된 것처럼 보였다. 그러나 실제 경선은 대부분 여론조사 100% 방식으로 운영되면서, 유권자의 참여는 형식적인 수준에 그쳤다. 당원투표 비중은 2004년 10%에서 2012년 20%, 2016년에는 30%까지 확대되었다. 그러나 실질적인 경선은 거의 전적으로 여론조사 결과에 의존해 진행되었다. 그 결과 유권자는 정책적 판단이나 지속적 정당 참여가 아닌 단기적인 이미지와 인지도에 따라 선택하는 '소비자적 투표자'로 전락하였으며, 공천은 인기 투표화되는 경향을 보였다.

넷째, 현역 기득권이 공고화되고, 당내 경쟁성은 매우 낮다. 폐쇄성이 강화된 것이다. 공천 과정에서 현역 의원의 기득권이 공고화되고 있다는 점은 정량적 지표를 통해 확인할 수 있다. 매 총선 시기마다 현역 의원 교체율은 평균적으로 35% 수준을 오르내릴 만큼 높은 수준을 유지했다. 그러나 그것은 당내 계파 간 파워게임의 결과로 주류 계파가 교체되는 과정일 뿐, 기득권 질서에 근본적 변화를 가져오는 것과는 거리가 멀었다. 현역 의원의 교체는 주로 공심위를 통한 전략공천 및 단수 추천의 방식으로 이뤄졌고, 경선을 통해 현역 의원을 교체한 경우는 찾아보기 힘들다. 경선 제도가 실질적인 경쟁 촉진보다는 현역 보호 장치로 기능하며, 당내 경쟁성과 인적 쇄신의 가능성을 제한하고 있다.

다섯째, 정당이 정치적 매개체로서의 기능을 상실하면서, 정치 과정은 점차 개인화되고 감정화되는 양상을 보이고 있다. 특히 정당의 공천 과정이 여론조사 중심으로 전환됨에 따라, 후보자와 유권자 간의 직접적이고 감성적인 소통 구조가 강화되고 있다. 일반 국민 여론조사를 통해 공천 후보를 선정하면, 정당 없이도 인지도가 높은 인물이 공천에서 유리한 고지를 점하게 된다. 결과적으로 정당은 단순한 절차적 형식에 불과한 '껍데기 조직'으로 전락했다. 이러한 현상은 정당조직의 집단적 정치 참여 기능을 무력화시키는 동시에, 유권자와 정치지도자 간의 직접적인 감정 정치(populist leader-follower linkage)를 조장하는 기반이 되고 있다.

여섯째, 정치 참여 양상이 전통적인 집합적 참여에서 개인화된 소비자 중심의 참여로 전환되고 있다. 현대 시민은 더 이상 능동적이고 생산적인 정치 주체라기보다 정치적 상품을 선택하는 소비자로서의 정체성을 강하게 띠게 되었다. 이러한 변화는 정당을 통한 조직적 참여의 쇠퇴와 함께, 특정 정치인을 지지하고 '팔로우'하는 팬덤 중심의 정치 문화로 구체화되고 있다. 특히, 온라인 기반 당원 구조는 열성 지지자 중심의 폐쇄적 참여를 강화하는 경향을 보이며, 정치 참여의 다양성과 포용성을 저해하고 있다. 결과적으로 정치 참여는 숙의와 조직화된 의사결정 과정보다는 즉자적 반응과 개인화된 행동으로 대체되고 있으

며, 이는 정치의 탈제도화와 감정화 현상을 더욱 심화시키는 배경이
되고 있다.

**일곱째, 오픈프라이머리(Open Primary)의 법제화는 일견 민주주의 확대
의 일환으로 보이지만, 실제로는 정당조직의 자생성과 내부 민주주의를
약화시킬 수 있는 구조적 위험을 내포하고 있다.** 현재 한국의 정당들은
공천 후보를 발굴하고 육성하는 독자적 조직 기반이 미비한 상황이다.
이런 조건에서 오픈프라이머리가 제도화될 경우, 정당은 자율적인 정
치조직이 아닌 단순한 행정기구로 전락할 수 있다. 즉, 자생력이 약한
정당이 경선 절차만을 수행하는 일종의 '플랫폼 정당'으로 퇴화할 우
려가 있다. 이는 정당의 고유한 대표성, 책임성, 정치적 학습 기능을 약
화시키는 결과로 이어질 수 있다.

**결론적으로 지금까지의 공천개혁은 '개방으로 포장된 폐쇄성'에 그쳤
다.** 유권자의 참여를 대폭 허용한 것처럼 보이지만, 실질적으로 중앙
당을 장악한 주류 계파와 정치 보스의 영향력은 고스란히 살아남은
것이다. 더욱이 이 과정에서 정당의 풀뿌리조직이 모두 형해화되어,
포퓰리즘 정치의 기반이 마련되었다. 결론적으로 공천권을 정당 하부
조직과 공유하는 수직적 분권화가 필요하다.

공천제도 개혁의 방향에서 가장 중요한 원칙은 '참여의 중심으로서
정당의 재활성화'이다. 이를 위해 첫째, 개방의 조건으로서 분권화가
이뤄져야 한다. 동시에 개방의 범위가 탈 정당화에까지는 이르지 않는
정당 중심성이 유지되어야 한다. 이를 위해 반드시 복수의 공천 주체

에 의한 다단계 공천, 개방성이 낮은 소규모 공천 주체로부터 점점 더 개방성이 높아지는 방향으로 공천 절차가 진행되어야 한다. 아래 그림 은 이 원칙에 따른 공천 모형이다.

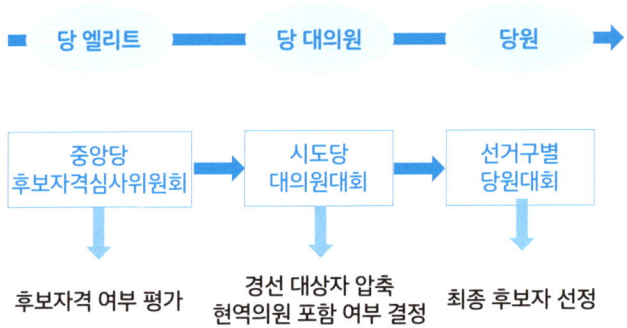

3단계 공천방식 모형(윤왕희 2022.p.265)

3단계 공천방식에서는 당 조직의 3주체인 중앙당, 시 · 도당, 당협(지 역위원회)에게 공천권이 균형 있게 배분되어야 한다. 당내 구성원인 당 엘리트, 당 대의원, 당원도 공천 과정에서 고르게 참여해야 한다. 즉, 지역적 차원의 분권화와 당내 구성원 간의 권한 배분이 조화를 이루 는 형태로 3단계 공천방식이 바람직하다.

포퓰리즘을 억제하기 위해서는 정당의 개방성만 아니라 정당의 문지 기 역할(gate-keeping)**도 중요하다.** 이를 위해 중앙당 엘리트들이 공천의 첫 단계에 개입하여 자당의 후보들이 정치인으로서 기본적인 자질을 유지할 수 있도록 문지기 역할(gate-keeping)을 하는 것이다. 미국에서도 오픈프라이머리가 도입되면서 검증되지 않은 선동적 정치가들이 정치의 전면에 등장했다. 트럼프 현상도 대표적 사례이다. 한국 정치에서도 이재명, 정청래, 추미애 등 전통적 정치가상과 거리가 먼 천민 정치가들이 등장하고 권력을 장악하는 것도 같은 이유이다. 선거가 자질의 검증이 아닌 인기투표가 된 결과, 정치가의 자질보다 예능인의 자질이 더 중요해졌다. 정당 기능이 정상적으로 작동하면, 이런 정치가들이 필터링되면서 무대에 오를 기회가 없다. 민주주의의 공적 제도만큼 정당이 중요한 것도 이 때문이다.

둘째, 후보 선출권자는 당원으로 제한하고 여론조사는 배제해야 한다. 당의 중요한 의사결정은 당원의 기본적 권리이다. 더 심각한 것은 여론조사이다. 무차별적인 여론조사 경선은 정당을 형해화시킨다. 진성당원이 후보자의 자질을 충분히 파악할 수 있도록 적절한 자료와 시간이 주어져야 한다. 이를 통해 부적절한 후보자가 필터링되어야 한다.

청년·초선 육성 플랫폼 구축

국민의힘에서 정치 신인의 육성이 어려운 이유는 크게 3가지이다.

첫째, 정당과 정치의 제도적 문제이다. 2004년 정당법 개정으로 지구당을 폐지했고, 2006년 정치자금법 개정으로 정당후원회도 폐지했다. 고비용 정치구조를 타파하고 원내의 현역 의원을 중심으로 지지자들의 자발적 참여를 유도한다는 취지였다. 그 결과 정치 자금의 모금은 국회의원들의 개인 후원회 중심으로 바뀌었고, 원외의 당협위원장(지역위원장)은 사무실조차 낼 수 없게 되었다. 현역 의원의 기득권이 대폭 강화되고, 정치 신인의 진입이 거의 불가능해졌다. 지구당 폐지 이후 지역 기반 정치 활동이 구조적으로 불가능해지면서, 정당이 정치 인재를 발굴하고 체계적으로 육성하는 기능은 점차 약화되었다. 원외 인사나 정치 신인의 정치 진입 경로는 사실상 차단되었다.

둘째, 정당의 당원 교육이나 조직 활동에 대한 체계적 지원 시스템의 부재 또한 중요한 원인으로 지적된다. 이로 인해 정치신인의 수는 지속적으로 감소하고 있으며, 정치 경험이 없는 연예인, 교수, 운동선수 등 인지도가 높은 외부 인사의 '외부 수혈'이 반복되고 있다. 이러한 현상은 정당의 정치적 생태계 자체를 단절시키고, 정당이 장기적인 인적 자원 개발 및 정치적 지속 가능성을 담보하지 못하는 구조로 고착화되는 문제를 낳고 있다.

그런 이유가 있다. 국민의힘은 정치이념을 공유하는 정당이라기보다 정치적 이익을 공유하는 이익집단에 가깝다. 현역 의원은 정당원이라기보다 정치적 이해 당사자와 비슷하다. 즉, 국민의힘은 정치적 이해를 같이하는 사람들의 프랜차이즈 정당이다. 의원은 국민의힘이라는 정치 브랜드를 사용하는 분점과 같다. 더불어민주당도 점차 국민의힘의 길을 걷고 있지만, 아직까지는 이념 정당의 뿌리가 강하다.

이런 이유로 국민의힘 내부에는 정치 신인을 육성해야 할 인센티브가 근본적으로 결여되어 있다. 정치 신인들은 기본적으로 특정한 지역의 브랜치(branch)를 차지하기 위한 경쟁자이기 때문이다. 실제로 현역 의원들은 중앙당 조직을 장악하고 공천권을 독점함으로써, 정치 신인들의 진입을 차단해 왔다. 역대 총선에서 현역 의원이 공천 경쟁에 의해 교체된 경우는 극히 희소하다. 현역 의원이 교체되는 경우는 중앙 정치의 계파 간 투쟁에서 패배했을 경우뿐이다.

셋째, 국민의힘에 고유한 문제로서 영남 패권 때문이다. 앞에서 충분히 검토한 바대로, 국민의힘의 헤게모니는 기본적으로 영남지역 정치가들에 의해 장악되어 왔다. 영남지역 의원들은 공천이 곧 당선이다. 따라서 지역구가 아닌 중앙당의 정치에서 경쟁한다. 당권만 놓치지 않는다면, 계속 정치권력을 향유할 수 있다. 하지만 위협이 존재한다. 수도권 정치가들이다. 만약 수도권 지역의 의원들이 많아지면 수적으로 불리해진다. 서울, 경기, 인천을 합한 수도권 의석은 122석인데 반해, 대구 경북, 부산, 울산, 경남을 합한 의석은 65석에 불과하다. 영남 의석은 수도권의 절반쯤이다. 따라서 수도권 의석의 증가는 영남권 정치가들에게 위협적이다. 당권을 상실하면 공천이 위태로워지기 때문이다. 따라서 수도권에 적합한 정치 신인의 육성을 기피할 수밖에 없다.

이상의 문제 때문에 국민의힘은 청년과 초선의 육성에 소극적이다. 따라서 청년·초선을 육성하는 플랫폼으로 정당을 개혁하려면, 첫째, 지구당을 부활하고 정치자금법을 개정해야 한다. 둘째, 국민의힘을 이념 정당으로 탈바꿈시켜야 한다. 셋째, 국민의힘을 탈영남화, 즉 수도권 정당으로 바꿔야 한다. 이런 개혁을 국민의힘 내부에서 추진하기는 힘들 것이다. 현역 의원의 기득권을 모두 부정해야 하기 때문이다. 실제로 12.3비상계엄과 21대 대선을 경과하면서 여러 차례 비상대책위원회를 출범시켰지만, 당내 민주화를 비롯한 모든 개혁에 실패했다. 단 하나도 바꾸지 못했다. 내부로부터 개혁은 원천적으로 불가능하다는 뜻이다. 결국 보수정당의 개혁은 새로운 창당이나 이준석의 개혁신당을 통해서만 가능하다.

3. 중도층과 합리적 진보 세력의 포용 전략

보수정당의 중도층 지지 상실

오늘날 한국 보수의 위기는 중도층의 지지를 상실했기 때문이다. 합리적 진보 세력까지 포용하면 완전히 부활할 것이다. 2022년 20대 대선 때 국민의힘은 공정과 상식이라는 보수의 전통적 가치를 천명하고, 중도 확장을 함으로써 승리했다. 하지만 그 후 윤석열 정부와 국민의힘은 중도층과 계속 멀어지며 지지를 잃었다.

20대 대선에서 윤 전 대통령은 겨우 0.74%로 승리했다. 21대 대선 결과 이재명 대통령은 49.42%, 김문수 후보 41.15%, 이준석 후보 8.34% 득표했다. 범보수 득표율은 49.49%로 이 대통령보다 초박빙인 0.07% 앞섰다. 두 차례 대결에서 보수가 1% 이하로 앞선 셈이다. 그러므로 선거 공학상 중도층이 승패를 좌우하는 셈이다. 어떤 집권 세력도 극히 섬세한 정치를 하지 않으면 패배할 수밖에 없다.

그런데 한국갤럽의 '월별 통합 교차집계표'(정당 지지도)에 따르면 '중도' 응답자의 국민의힘 지지율은 윤석열 전 대통령이 취임한 2022년 5월 37%에서 2025년 7월 12%로 3년 사이 25%포인트 하락했다. 같은 기간 더불어민주당의 중도 지지율은 29%에서 45%로 상승했다.

윤석열 정부에서 국민의힘이 중도층의 지지를 상실한 첫 계기는 2022년 7월 '윤핵관'의 이준석 국민의힘 대표 축출 파동이었다. 윤 전 대통령 취임 2개월 만에 벌어진 이 사건으로 6·1 지방선거에 승리하며 30%대 후반이던 중도 지지율은 7월(30%)과 8월(26%) 연속 하락했다. 이 사건의 외양은 이 대표의 성 접대 의혹이었지만, 사실은 공천권을 둘러싼 권력투쟁이었다. 이 사건으로 영남-수도권, 강경 보수-중도 보수의 연합이 깨졌다. '공정과 상식'이라는 윤석열 정부의 통치이념도 허구로 드러났다. 일종의 집단적 자해극이었다. 이런 사태가 이어져 2022년 22대 총선에서 대패했다. 그 후 국민의힘에 대한 중도층 지지율은 20%대 초반에 고착됐다. 집권 3년 차에 사실상 국정 동력을 상실하는 수준에 이른 것이다.

그러나 이것으로 그치지 않고, 윤 전 대통령과 한동훈 전 대표 간 '윤·한 갈등', 의대 정원 2000명 증원을 둘러싼 의정 갈등, 순직 해병 사건 관련 수사외압 논란이 잇따랐다. 중도층 민심에 대한 역행은 김건희 여사의 명품 백 수수와 국정 개입 논란에 이르러 정점에 달했다. 그 결과 국정 동력을 완전히 상실하는 위기에 처하자, 12.3비상계엄을 통해 돌파하려 한 것이다.

12·3 비상계엄 선포, 그에 대한 국민의힘의 태도는 중도층을 완전히 이반시켰다. 2024년 12월 중도층 지지율은 17%를 기록했다. 국민의힘은 탄핵 국면, 6·3 대선, 그 이후 과정에서 윤어게인을 주장하는 반탄파가 당을 계속 지배했다. 김문수 대선 후보도, 장동혁 신임 당대표도 그런 입장에 서있다. 모두 영남 당권을 대표한다. 그 결과 중도 지지율은 12%를 기록하며 바닥을 쳤다. 원칙과 합리성을 중시하는 중도층의 인내가 한계에 다다른 것이다.

중도층에 대한 입장: 보수의 본질 수호론

윤석열 정부 아래 국민의힘에 대한 중도층의 입장은 2024년 22대 총선을 통해 확고하게 표명되었다. 그러나 국민의힘 주류는 새로운 변화보다 보수의 가치를 복원해야 한다는 입장을 고수했다.

> 소금이 맛을 잃으면 쓸 데가 없어 땅에 버려지는 만큼, 국민의힘은 보수정당으로서 정체성을 확고히 하겠다. 보수 가치를 약화 훼손해 사이비 보수로 변질돼서는 안 된다. 이러한 유혹은 보수정당을 지지하는 국민을 혼란케 하고 분열시킬 뿐이다.
>
> —황우여 비대위원장, 취임 기자회견, 2024.5.3.

황 위원장은 "4·10 총선 참패 원인 중 하나로 보수 정체성 상실을 꼽을 수 있다"고 주장했다. 보수가 변하긴 했는데 잘못 변해서 '사이비 보수'에 빠졌다는 인식이다. 구체적으로는 총선 전 국민의힘이 외연 확장을 위해 김경율 회계사, 함운경 민주화운동동지회장 등 과거 진보 진영 인사를 영입한 것을 지적한 것이다. 황 위원장은 이런 외연 확장을 "보수층 지지도 진보층 지지도 잃게 한 선택"이라고 비판했다. 정도는 약하지만, 나경원 의원도 같은 견해였다.

> 보수 정권이 들어선 지난 2년 동안 보수는 유능하고 도덕적이며 책임질 줄 안다는 덕목이 다 무너져버렸다. 선거가 끝나니 중도로, 좌(左)로 가야 한다는 말도 나오던데, 보수의 본래 가치부터 재건하는 게 우선이다.
>
> −조선일보 인터뷰, 2024.4.29.

유능함, 도덕성, 책임감을 상실한 스스로의 문제부터 돌아보아야 한다는 나경원 의원의 지적은 정당하다. 하지만 이 견해는 변화의 폭과 절박성에 동의하지 않는다. 즉, 총선 패배의 원인을 중·수·청의 지지 상실에서 찾고, 국민의힘 당 노선과 정체성을 중도, 수도권, 청년층으로 확장해야 한다는 견해를 우회적으로 비판하고 있다. 결국 보수의 정체성에 문제가 있는 게 아니라, 그 정체성이 훼손된 게 문제라는 인식이다.

보수에 대한 원론적 입장이 틀린 것은 아니다. 하지만 이 입장은 변화를 반대하는 것으로 결과적으로 영남 중심의 당 주류 헤게모니를 옹호하는 정치적 의미를 갖고 있다. 그런 입장이 오늘날 국민의힘의 개혁을 가로막고, 보수의 몰락을 초래하고 있다는 것은 자명하다. 윤석열 정부 전 기간에 걸쳐 그 점이 입증됐고, 12.3비상계엄으로 파탄이 났고, 대선에서도 패배했다. 하지만 그 입장은 강고하게 변하지 않았다. 앞서 살펴보았듯이 공천권을 둘러싼 영남 중심의 당권이 걸렸고, 권력 유지에 직결되어 있기 때문이다.

중도층에 대한 입장 2: 보수 혁신과 중도지향론

보수가 중도를 지향해야 한다는 입장은 22대 총선에서 "국민의힘이 패한 것은 '더 많은 보수'를 실현하지 못해서가 아니라, '더 많은 중도'를 얻지 못했기 때문"이었다고 본다.

–유창선, 시사평론가, 신동아 2024.5.15.

유승민 전 의원의 견해도 같다.

우리 당이 중도층·수도권·청년층 마음을 못 잡아서 진 선거지 보수가 결집을 안 해서 졌냐. …극우적인 유튜버들, 극우적인 보수 인사들이 말하는 보수의 가치에 당이 매달려 있으면 앞으로 대선이든 총선이든 해 보나 마나 필패다.

–중앙일보, 2024.05.07.

나경원 의원 역시 이번 총선에서 젊은 여성층이 보수정당에 부정적

이라는 사실을 절감했다.

> 제일 어려웠던 게 20대 여성이다. 우리 당에 굉장히 냉소적이다. 저를 롤 모델로 생각하는 여성도 있지만 대부분은 냉랭했다. 우리 당의 큰 숙제다.
>
> —조선일보, 2024.04.29.

유승민 전 의원은 "당의 반성과 혁신이 절실하다. 보수 결집에만 매달린 결과가 총선 3연패"라고 인식했다. 그래서 "따뜻한 보수, 정의로운 보수, 유능한 보수의 길로 보수의 지평을 넓히지 않으면 다음 대선, 다음 총선에서도 국민의 마음을 얻을 수 없다"고 지적했다. 유 의원은 정의와 유능이라는 보수의 전통적 가치와 함께 중도 좌파의 가치까지 포용할 수 있는 '따뜻한 보수'의 가치를 제시했다.

중도 전략이 성공을 거둔 대표적 사례가 2008년 18대 총선이다. 이 총선에서 한나라당은 전체 153석을 획득, 단독 과반을 확보했다. 또한 서울 지역 48석 중 40석, 수도권 전체에서 81석을 얻었다. 당시 야당 통합민주당은 고작 26석이었다. 보수정당이 어떻게 수도권에서 압승했을까?

> 해당 선거는 고 정두언 의원의 삼중(三中)전략으로 알려진, 이념적 중도, 계층적 중산층, 공간적으론 중부 수도권 등 한국 보수정당의 외연을 확장하려는 노력이 극적으로 성공했던 선거이기도 했다. 이

번 선거를 통해 유권자들이 끊임없이 국민의힘에 요구하는 것은 2008년에 구성된 이상과 같은 보수연합이 붕괴하는 과정에 대한 성찰이 아닐까. 소위 '삼중연합'은 박근혜 정부와 탄핵을 거치면서 붕괴했다. 새롭고 젊은 보수와 전통적 보수가 동거할 수 없게 된 것이다. 개인주의적 보수가 국가 주도 경제성장 보수와 동거할 수 없게 된 것이다. 문화적으로 개방되고 자유로운 보수가 태극기 안보 보수와 동거할 수 없게 된 것이다. 민주당의 '20년 집권설'이 이즈음 나오기 시작했던 것도 우연이 아니다.

—박원호, 동아일보, 2024.04.30.

보수의 중도 지향 필요성 1 : 양극화와 수축사회

보수정당이 중도 친화적 정당으로 변화해야 하는 또 다른 이유는 사회 구조적 변화 때문이다. 이른바 보수 본류의 가치는 아직 산업화 시대에 머물러 있다. 그러나 한국 사회는 이미 산업화 시대를 한참 지나 양극화와 수축사회의 문제에 직면하고 있다.

22대 총선의 가장 중요한 상징은 '대파'였다. '대파'라는 상징을 통해 민생에 대한 불만이 폭발했다. '대파'는 단지 도화선이었을 따름이다. 대파는 현상적으로는 고물가 문제지만, 구조적으로는 양극화 문제이다. 우리나라 상위 10%는 전체 소득의 약 45%를 차지한다. 1997년 외환위기 이전은 약 20%를 차지했다. 30여 년 사이에 두 배 넘게 높아졌다. 한국은 주요 선진국 중 불평등도가 미국에 이어 2위다.

다음으로 한국은 수축사회에 진입했다. 한국경제의 성장엔진이 꺼지고 있다. 한국만 아니라 세계는 2008년 글로벌 금융위기 이후 수축사회에 진입했다. 르네상스, 산업혁명 이후 500년간 세계는 팽창사회였다. 이제 파이가 줄면서 제로섬 전투가 벌어지고 있다. 미국에서조차 '월가를 점령하라'는 시위가, 한국에서는 '이게 나라냐'는 촛불시위가 발생했다.(홍성국, '수축사회') 최근 한국 사회를 설명하는 키워드는 '과잉분노'와 '무기력'이다.(우종민, 정신건강의학자) 파이가 작아지는데 몫도 적어져 분노하지만, 탈출구가 없으니 좌절하고 무기력해지는 것이다.

> 지금 세계의 양극화는 단순한 불평등이 아니라, 수축사회와 겹쳐 있다. 한국은 상황이 더 좋지 않다. 지난해 한국의 성장률은 1.4%에 그쳤다. 한국경제는 전후 세계 최고의 팽창 속도를 자랑했다. 저성장의 충격이 어떤 나라보다 클 수밖에 없다. 압도적인 세계 1위 저출산국이고, 자살률은 OECD 평균 2배다. 대한민국은 성공했지만, 많은 국민이 불행하다.

> 1997년 IMF 위기 후 양극화 문제가 시작됐다. 하지만 지난 30년간 한국 정치는 이 문제에 둔감했다. 보수정당은 이 두 문제에 적절히 대응하지 못했다. 그 결과가 총선 3연패였다.

진보 정당의 대응은 '복지-현금' 포퓰리즘이다. 21대 총선에서는 코로나 사태에 대응하는 경기 진작을 빌미로 현금을 살포했다. 22대 총선에서는 25만원의 민생지원금 지급을 주장했다. 이재명 정부는 이미 13

조 원 규모의 국민지원금을 뿌렸다. 양극화와 수축사회 같은 복합적·장기적 위기에 대한 대처로는 극히 단순하고 근시안적이다. 하지만 국민은 환호하고, 정치가는 표를 얻으니 윈윈이다. 하지만 진보 정당은 어쨌든 두 문제에 적극 대응해왔다. 다만 나라에 치명적인 독이지만, 그 결과 총선에서 3연승하고, 대권까지 거머쥐었다.

양극화와 수축사회에 대한 보수정치의 대응이 '따뜻한 보수'이다. 구체적 의제는 첫째, 경제성장, 둘째, 기회의 사다리이다.

> 진짜 문제는 바로 경제다. 특히 보수 정부에는 그렇다. 진보는 '평등'을 최우선 가치로 내세운다. '복지'라는 달콤한 약속도 함께다. 솔직히 '자유경쟁'을 내건 보수가 이기기 어려운 게임이다. 필자가 2017년 대선을 앞두고 실시한 설문 조사와 월드밸류서베이(World Value Survey)를 문항반응이론(Item Response Theory)으로 분석하여 유권자들의 이념 성향을 비교해 보면 한국은 △큰 정부 △복지 확대로 요약되는 '평등주의' 성향이 비교국 중 가장 강했다. 결국 보수는 '경제'에서마저 우위를 인정 못 받으면 설 곳이 없다. 산업을 키워 양질의 일자리를 만들고 세수를 늘려서 복지도 제공하는 선순환을 이뤄내야 하는 것은 보수의 숙명이다.
>
> —한규섭, 동아일보, 2024.05.13.

궁극적으로 '기회의 사다리 복원'이 핵심이다.

다시 보수가 수도권과 청년층의 주류가 되려면 청년층이 주체적으로 성장하고 발전하길 원하도록 하는 유인을 제공할 수 있어야 한다며, '해봐야 안 된다'는 좌절감을 해소할 수 있도록 공정하고 투명한 선발의 사다리를 사회가 복구해야 한다.

—박상수 인천 서구갑 당협위원장, 뉴시스, 2024.05.14.

보수의 중도 지향 필요성 2: 세대구성의 변화

또 하나의 구조적 요인은 세대구성이다. 산업화를 이끈 보수 세대가 물러나고 민주화 경험을 바탕으로 진보 정체성을 가진 세대가 현재 한국 사회의 주류이다. 국민의힘 관계자는 "공고한 보수 지지층 유권자들은 이미 70대 이상이 된 반면, 이른바 86세대들은 진보 정체성을 유지한 채 60대가 되고 있으며 4050은 가장 강한 민주당 성향"이라며, "지금과 같은 의원 구성과 인구 구성으로는 총선 승리는 요원하다"고 토로했다. 1960년 이전 출생한 보수 성향의 산업화 세대는 4년마다 약 100만 명씩 감소하고 있다. 2012년 19대 총선에서 1,388만 명, 전체 유권자의 34.8%를 차지했지만, 2024년 22대 총선에서는 1,087만명, 24.3%로 감소했다. 12년 만에 약 300만 명, 10% 정도가 줄었다. 그 반면 1961-1980년 출생 세대는 매 총선마다 약 10만 명만 자연 감소한다. 이런 구조적 요인 때문에 보수정당은 기존의 정체성을 넘어 외연을 확장해야 하는 것이다.

중도층과 합리적 진보 세력의 포용 전략 : 수도권, 민주주의, 2030 세대 지향

이상의 내용을 통해 볼 때, 중도층과 합리적 진보 세력의 포용 전략은 크게 세 가지이다.

탈영남-수도권 지향

첫째, 공간적으로 탈영남, 수도권을 지향해야 한다. 국민의힘에서 '영남'의 문제는 지역적 문제를 넘어, 당 운영 방식과 직결되어 있다. 22대 총선 후 윤상현 의원은 "당이 영남 중심이다 보니 공천에 매달릴 수밖에 없고, 당 지도부나 대통령에게 바른 소리를 전달 못 하는 것"이라고 비판했다. 그런데 이에 대해, "물에 빠져 익사 직전 당을 구해 준 영남 국민에게 보따리 내놓으라고 하고, 한술 더 떠 물에 빠진 책임까지 지라는 것"(권영진 의원)이라는 반박이 나왔다.

이 문제는 이미 2023년 10월 강남구청장 선거 패배 후 심각하게 제기되었다. 선거 패배의 수습책으로 신임 사무총장에 이만희 의원(재선·경북 영천-청도)이 임명되자, 여당의 한 중진의원은 "수도권 위기론을 수습하라고 했더니 '도로 영남당'으로 돌아갔다."고 비판했다. 또 한 의원은 "인사는 메시지인데, 국민들이 친윤 TK 의원 인사를 어떻게 받아들이겠느냐"고 했다. 이것이 영남 정치세력에 대한 당시의 여론이었다. 그 의미는 구체적으로 두 가지이다. 첫째, 국민의힘의 정치적 위기, 특히 수도권 위기의 원인이 영남 정치세력의 당내 권력 독점에 있다는 것이다. 둘째, 영남당으로는 이 위기를 극복할 수 없다는 것이다.

이런 여론은 2023년 김기현 대표체제 출범 때부터 형성되었다. 원래 지지율 5위에 머문 김 대표는 친윤의 후원으로 당선되었다. 그 직후 치러진 원내대표 선거에서 영남 정치세력의 당권 독점에 대한 위기의식이 드러났다. 당시 수도권 모 언론사에 보낸 한 독자의 편지다.

> 국민의힘의 오랜 '심정적 지지자'다. 지금 국민의힘은 친윤을 넘어 영남당으로 가고 있습니다. 영남에서 표는 나오겠지만 의석은 더 나올 게 없습니다. 지들끼리 잘해 먹으라는 수도권의 냉소가 파다합니다. 민심이 그렇게 호락호락하지 않지요. 내년 총선은 하나마나한 선거가 될 겁니다. 수도권 원내대표가 돼야 합니다.
>
> —"국민의힘, 아예 영남당으로 갑니다", 경기일보 2023. 3. 31

국민의힘이 친윤까지는 괜찮지만 영남당은 안 된다는 주장이었다. 그 이유는 **첫째, 영남에서 아무리 표를 많이 얻어도, 의석수를 늘릴 수는 없다는 것이다. 둘째, 영남의 당권 독점에 대한 수도권 유권자의 반감이다.** 2024년 총선의 전초전인 강서구청장 선거 결과는 이 예측대로였다.

국민의힘 혁신위원회의 제2호 개혁안도 국민의힘이 낙동강 정당에서 한강 정당으로 변신해야 한다는 것이었다. 인요한 혁신위원장은 '낙동강 하류 세력은 뒷전에 서야 한다'고 주장했다. 국민의힘 혁신의 실질적인 제1 과제로 영남 정치세력 물갈이론을 제시한 것이다. 인위원장의 발언은 보다 직설적이다. "꽃신 신고 꽃길만 걷던 인사들은 이제 나막신 신고 자갈밭도 걸어야 한다." TK세력이 아무런 희생 없이 당권만 향유하고 있다는 것이다. 인위원장은 보다 구체적으로 '영남권 중진 수도권 출마론'을 제기하고, 김기현 대표와 대구 5선 주호영 의원 같은 '스타'들의 서울 출마를 권유했다. 그리고 "이제 문화를 바꿔서 정치인들이 희생하고 국민에게 이득이 되는 사상의 전환이 있었으면 좋겠다"고 말했다. 누릴 만큼 누렸으니, 이제 희생하라는 것이다.

수도권 출마를 선언한 하태경 의원을 필두로 수도권 원외 인사들의 주장도 "낙동강을 넘어 한강 진출에 힘을 쏟을 때"라는 것이다. 그 이유는 세 가지이다. TK세력의 당권 독점으로 인해, **첫째, 정권과 국민의 힘이 우경화되었고, 대통령도 중도에서 벗어났다고 본다.**

> "당과 정권이 우경화되고 있다." "윤석열 대통령은 후보 당시 내게 중도에 대한 이야기를 많이 했는데, 집권 이후에는 거의 중도를 거론하지 않는 것 같다."
>
> —유종필 서울 관악갑 위원장

둘째, 당이 독립성을 잃고, 대통령의 들러리가 되었다는 것이다.

> "군사 정당도 아닌데 지도부가 결정하면 들러리 서는 모습이 일상화됐다."
>
> —구상찬 서울 강서갑 위원장

셋째, 그 결과 선거의 승패를 좌우할 중·수·청의 지지가 심각하게 떨어졌다는 것이다.

> "최근 여론조사에서 최근 강서구청장 보궐선거 결과를 보면 2030세대 젊은 층, 그리고 중도·부동층이 완전 이탈됐다고 판단된다."
>
> —문병호 서울 영등포갑 위원장

요컨대 영남 정치세력이 지배하는 현재의 당 체제, 구체적으로는 김기현 체제로는 22대 총선에서 이길 수 없다는 것이었다. 하지만 TK 의원들은 이에 강력히 반발했다. 대구 초선 김용판 의원은 인위원장의 사과를 요구했다: "대구·경북 시민은 우리 당이 어려울 때 당을 지켜왔고, 자유 우파 대한민국을 지켜온 자부심이 있는데, 마치 잡아놓은 고기 취급하며 큰 상처를 준 것"(이다.) 영남 정치세력이 위기의 원인이 아니라, 그 반대로 위기 시 당을 지켜왔다는 것이다. 나아가 대한민국을 지켰다는 것이다. 그렇다면 인위원장이나 수도권 의원들의 주장은 본말이 전도된 것이다. 홍준표 대구시장은 보다 현실적 관점에서 '영남권 중진 수도권 출마론'은 무의미한 것으로 평가절하했다. 그는 인위원장에게 '콜로라도주 의원을 워싱턴에 갖다 놓으면 선거가 되느냐?'고 반문했다. 설사 인위원장의 진단이 옳다고 해도 처방은 틀렸다는 것이다.

국민의힘의 혁신과 22대 총선 대책을 둘러싸고 혁신위, 수도권 정치세력, 윤대통령 측과 영남 정치세력이 정면 대립하였다. 22대 총선에서 수도권 승리를 위해서는 혁신 경쟁에서 이겨야 했다. 혁신위는 그 혁신 대상으로 영남 정치세력을 지목한 위에, 희생까지 요구했다. 그 빈자리를 중도, 수도권, 청년층으로 대체해, 보수와 중도, 수도권, 청년층의 대연합을 복원하려는 전략이다. 이 연합전략은 지난 대선의 승리 방정식이었다. 윤대통령의 우경화로 이 연합이 깨지면서, 대통령 지지율이 저공비행을 벗어나지 못했다. 30%대 초반대의 대통령 지지율은 지지층이 보수 일부와 국민의힘 핵심 지지층으로 축소되었다. 강서구청장 선거에서 그 실패가 명백하게 드러났다. 따라서 22대 총선 전략도 명백해졌다.

하지만 하태경 의원을 제외한 국민의힘 누구도 혁신위의 진단과 전략에 동의하지 않았다. 김기현 대표를 비롯해 소위 영남 정치세력도 이 전략에 반기를 들었다. 혁신위　대통령과 국민의힘　영남 정치세력의 대결은 피할 수 없게 되었다. 영남 정치세력은 어떤 입장을 취해야 하나? 설사 보수진영이 패한다 해도 영남 정치세력의 자존심과 보수진영의 패권을 지켜야 하나? 아니면 보수진영의 승리를 위해 희생을 감수하고, 자존심도 버려야 하나? 아니면 영남도 살고, 보수진영도 살고, 대한민국도 사는 제3의 길이 존재하는가?

한국 현대사에서 영남이 세운 공적은 크게 세 가지이다. 첫째, 공산주의와의 투쟁에서 대한민국을 구했다. 6.25때 낙동강에서 인민군을 저지함으로써 백척간두에 선 대한민국을 살렸다. 둘째, 가난과의 투쟁에서 대한민국을 구했다. 1960년대 이후 한국의 산업화를 이끈 주력이 영남 정치세력이었다. 셋째, 민주화 세력과 보수대타협을 이루어 평화적인 민주화에 성공했다. 1987년 대통령직선제를 수용하고, 1990년 3당합당을 성사시켜 산업화 세력과 민주화 세력이 손을 잡았다. 이로써 30년에 걸친 양대 정치세력이 한국의 근대화에 합의를 이루었다.

하지만 2002년 노무현 대통령 이후 보수적 민주화가 성취한 대타협이 깨졌다. 노무현 정부의 지지층은 1987년 민주화 당시 권력으로부터 소외된 386 운동권 세력이었다. 이들은 민주화의 전위세력으로서 가장 크게 기여했으나, 실질적인 권력 분배에서는 제외되었다. 그 이유는 이들에게 정당처럼 제도화된 정치적 플랫폼이 없었을 뿐 아니라, 이념적으로도 자유민주주의와 거리가 있었기 때문이다. 이 세력이 아웃사이더 노무현을 중심으로 연합해 제도권 정치에 입지를 마련했다. 그런데 자유민주주의의 틀을 깨지 않은 김대중 정부에 비해 노무현 정부는 위험한 경계선을 넘나들었다. 그리고 보수진영의 관점에서 볼 때, 문재인 정부는 경계선을 넘은 것으로 보였다. 이 위태로운 시기에 영남 정치세력은 보수진영의 확고한 성곽이었다. 이런 관점에서 보면, 혁신위의 낙동강론은 전도된 위기 진단이자 영남의 자부심을 훼손하는 발언이었다.

그런데 문제는 보수진영이 영남 정치세력을 중심으로 22대 총선에서 승리할 수 있었을까. 2016년 20대 총선은 중요한 교훈이었다. 선거 전 여론조사에, 새누리당은 더불어민주당을 압도했다. 새누리당은 130-150석, 더불어민주당은 80-120석을 예상했다. 새누리당 싱크탱크 여의도연구원은 새누리당의 총선 의석을 140석으로 전망했다.

하지만 결과는 참패였다. 국민의당이 호남에서 약진하고, 민주당 표를 잠식했음에도 불구하고 이런 결과였다. 새누리당은 특히 수도권에서 완전히 패배했다. 더불어민주당은 수도권에서 서울 49석 중 35석, 경기 60석 중 40석, 인천 13석 중 7석을 석권해 123석을 차지했다. 새누리당은 서울에서 12석을 차지하는 데 그쳤다.

그 이유는 알려진 대로, 공천 실패 때문이다. 친박-TK 중심의 정당을 만들려는 집념이 과도했다. 대구에서는 자칭 진박 감별사들이 친박과 거리가 있는 정치가들을 배제하려고 했다. 보수진영의 승리보다 친박의 승리가 앞섰던 것이다. 그 결과 수도권 민심이 급속히 냉각되었다. 전체 의석의 48%에 달하는 서울, 수도권에서 이기지 못하면, 승리는 불가능하다.

보수진영의 입장에서 볼 때, 수도권의 지지 상실은 사실상 대한민국의 국가적 안위와 직결된 문제이다. 수도권 지지의 획득에 총력을 기울여야 하는 이유이다. 수도권은 중도층이 두텁다. 영남지역의 정치적 성향과 비교하면 중도 좌파적 성향이 강하다. 요컨대 영남당이란 정체성이나 이미지를 가지고 국민의힘이 수도권에서 경쟁하기는 쉽지 않다. 실질적 지지기반은 영남이지만, 승리를 위해서는 그 기반을 떠나야 하는 패러독스이다. 국민의힘 혁신위를 둘러싸고 나타난 대결 양상은 그런 상황에서 빚어진 필연이었다.

더불어민주당도 똑같은 패러독스를 가지고 있다. DJ는 JP와 연대함으로써 충청권과 지역연합에 성공했고, 중도 보수층의 경계심을 해제

했다. DJ 이후 더불어민주당은 대선 주자를 영남지역에서 구했다. 모두 이 패러독스를 푸는 전략이다. 이를 통해 호남당의 이미지를 탈색시켰다. 뿐만 아니라 민주주의를 강조하고, 다양한 진보적 프로그램을 추진했다. 모두 수도권의 지지를 겨냥한 전략이다. 그런 점에서 호남지역의 유권자는 영남지역보다 훨씬 전략적이다. 국민의힘도 호남 출신의 대선 주자를 낼 수 있어야 한다. 수도권의 중도 좌파도 설득할 수 있는 정치 프로그램도 다양하게 제시해야 한다. 단지 영남이 아니라 대한민국을 위해서라면, 시야를 더 크게 가져야 한다.

민주주의에 대한 확고한 지지

국민의힘이 중도와 합리적 진보를 포용하기 위해서는 둘째, 이념적으로 민주주의에 대한 지지가 확고해야 한다. 12.3비상계엄과 21대 대선을 거치며, 그 점이 분명히 드러났다. 12.3비상계엄은 자유민주주의에 반하는 것이었다는 것이 헌법재판소의 최종 판결이다. 동아시아연구원(EAI)의 2025년 6월 4-5일 여론조사에서, 전체 응답자의 71.6%가 비상계엄을 반헌법적 불법 행위로 보았다. 3년 전 대선에서 윤석열 전 대통령을 뽑은 유권자 중 44.9%도 같은 의견이었다. 국민의힘이 탄핵을 적극 수용해야 했다는 응답도 68.2%였다. 국민 다수의 상식적 판단이 그랬다. 국민의힘은 21대 대선 이틀 전에야 '윤석열과 절연'을 선언했다.

21대 대선에서 김문수 국민의힘 후보는 5월 3일 국민의힘 대선 후보 수락 연설에서 "수많은 국민들의 함성에도, 대통령은 탄핵"됐고, "민주주의가 위기를 맞고 있다"고 말했다. 탄핵이 잘못됐고, 그것이 민주주의의 위기란 뜻이다. 김 후보는 헌재 판결에 맞서, '탄핵 반대' 깃발을 들고 싸우겠다고 선언한 셈이다. 김 후보는 6월 4일 선거대책위원회 해단식에서야 비로소 "우리 당이 민주주의에 대한 기본적 이해와 신념, 그걸 지키기 위한 투철한 사명이 없"었던 게 패배 원인이라며 회한의 심정을 토로했다. 또한 "민주주의에 가장 기본이 되는 것에 대해서는 양보할 수 없고 타협할 수 없고 단호한 거부"가 필요하다고 역설했다. 하지만 탄핵 문제는 끝내 거론하지 않았다.

대선에서 패배한 뒤, 지난 6월 8일 김용태 비상대책위원장은 "탄핵의 강을 넘지 못하는 보수에게 미래는 없다"며, 탄핵 반대 당론의 무효화 등 5대 개혁안을 제시했다. 하지만, '내부총질'이라는 싸늘한 눈총만 돌아왔다. 당 개혁을 논의하기 위한 의원총회도 돌연 취소되었다.

지난 8월 국민의힘 전당대회에서 반탄파의 부흥사 격인 전한길 씨는 국민의힘 당권 주자들이 "윤 전 대통령과 절연할 것인지 계속 함께할 것인지 공개 질의서를 보낼 것"이라며, '국민의힘 내 프락치 축출'을 주장했다. 일종의 이단 재판을 하겠다는 선언이었다. 그런데 당 대표 경선에 나선 김문수 전 고용노동부 장관은 전씨를 포용해 "용광로 같은 단합을 이뤄야 한다"고 했다. 장동혁 의원도 전씨가 문제가 아니라 "내부 총질자들에 의해 당이 극우 프레임에 빠지는 것"이라고 주장했다. 결국 반탄, 친윤을 가장 강하게 주장한 장동혁 대표가 선출되었다.

지난 대선에서 국민은 국민의힘에 매우 명확하게 '민주주의'를 요구했다. 하지만 국민의힘은 아직도 계엄의 강, 탄핵의 바다를 확실히 건너지 못했다. 윤 전 대통령과의 단절도 모호하다.

2030세대의 보수화와 포용

국민의힘이 중도와 합리적 진보를 포용하기 위해서는 **셋째, 세대적으로 청년 세대의 지지를 지향해야 한다.** 한국 정치 지형에서 2030세대는 더 이상 단일한 집단으로 규정할 수 없는, 복합적이고 다층적인 정치 성향을 보이는 핵심 변수로 부상했다. 과거 지역주의나 전통적 세대론으로 설명되던 정치 구도는 2030세대의 내부 분화, 특히 젠더에 따른 극적인 정치 성향 차이로 인해 새로운 국면을 맞이하고 있다. 이들은 기존의 진보-보수 이념 구도를 탈피하여 공정, 실용, 안보 등 구체적인 가치와 이슈에 따라 지지를 결정하며, 높은 무당층 비율을 통해 기성 정치권에 대한 불신과 기대를 동시에 표출하고 있다.

'세대포위론'은 2030 남성(이대남)과 60대 이상 고령층이 연대하여 4050 민주화 세대를 포위한다는 보수진영의 선거 전략이었다. 이 전략은 2022년 대통령 선거에서 20대 남성의 높은 지지를 이끌어내며, 윤석열 정부 출범에 기여하는 등 단기적 성과를 거두었다.

그러나 2024년 총선에서 이러한 구도는 완전히 붕괴했다. 2030세대 보수층, 특히 '이대남'이 여당 지지를 철회하면서 국민의힘은 참패를 면치 못했다. 이는 2030세대가 특정 세대론적 프레임에 고정되지 않으며, 정당에 대한 충성도보다 정책과 이슈에 따라 유동적으로 움직이는 '전략적 투표자'임을 증명한다.

세대론의 변화는 인구 구조 변화와도 맞물려 있다. 보수 성향이 강한 산업화 세대(60대 이상)의 유권자 비중은 2012년 34.8%에서 2024년 24.3%로 감소했으며, 2028년에는 21.4%까지 줄어들 전망이다. 반면, 진보 성향이 강한 민주화 세대(현 50대~60대 초반)는 2028년에도 36.4%의 비중을 유지하며 정치적 영향력을 이어갈 것이다.

특히 주목할 점은 '50대=보수'라는 통념을 깬 X세대의 부상이다. 과거 50대와 달리 현재 50대는 2024년 총선에서 민주당과 조국혁신당에 53%의 지지를 보내며 진보 성향을 뚜렷이 드러냈다. 이는 세대교체에 따라 전통적인 연령별 정치 성향 공식이 더 이상 유효하지 않음을 시사한다.

2030세대의 가장 두드러진 특징은 성별에 따른 정치 성향의 극단적 분화다. 2024년 갤럽 조사에 따르면, 18~29세 남성은 보수 36%, 진보 14%로 보수 우위가 뚜렷했으나, 같은 연령대 여성은 보수 14%, 진보 39%로 정반대의 결과를 보였다. 이러한 성별 격차는 40대 이상에서는 거의 나타나지 않는, 2030세대에 국한된 현상이다.

이러한 분화는 윤석열 대통령 당선 과정에서 2030 남성의 보수 결집으로 나타났다. 탄핵 촉구 집회에서는 여성 참여율(27.1%)이 남성(9.9%)을 압도했다. 이처럼 등 정치적 사안마다 극명한 태도 차이로 표출되고 있다. 이는 한국 정치가 지역(영남 vs. 호남), 세대(산업화 vs. 민주화)

갈등에 이어 '2030 젠더 갈등'이라는 새로운 양극화 축을 맞이했음을 의미한다.

2030 남성의 보수화는 문재인 정부의 '페미니스트 대통령' 선언과 여성 우대 정책에 대한 반감에서 촉발되었다. 여기에 조국·박원순 사태 등으로 드러난 진보 진영의 '위선'에 대한 환멸이 더해졌다. 이후 보수진영에 기대를 걸었던 이들은 이준석 전 대표 축출 과정에서 또 한 번 실망하며 정치적 냉소주의에 빠지거나 지지를 유보하게 되었다.

반면 2030 여성은 진보 정당의 주요 지지층으로 자리 잡았다. 그러나 이들 역시 대선 국면에서 'n번방 추적단 불꽃' 출신 박지현을 영입했다가 선거 후 소외시키는 민주당의 행태에 실망감을 느꼈다. 결과적으로 2030 남녀 모두 각자가 지지했던 진영으로부터 '토사구팽'당하는 경험을 공유하며, 기성 정치권 전반에 대한 불신을 키우게 되었다.

그런데 젠더에 따른 정치 분화는 한국만의 현상이 아니다. 미국에서는 18~29세 남성이 트럼프를, 여성이 해리스를 압도적으로 지지한다. 독일에서는 청년 남성이 극우(AfD), 여성이 극좌(Linke)를 지지하는 경향이 나타난다. 이러한 현상은 알고리즘 기반 SNS가 성별에 따라 다른 정보를 제공하며 확증 편향을 강화하는 데 기인한다. 한국의 경우 병역 의무라는 특수한 문제가 젠더 갈등을 더욱 심화시키는 구조적 요인으로 작용한다.

2030세대는 기성 정치 체제에 대한 깊은 불신을 가지고 있다. 민주주의 체제에 대한 신뢰도는 20대 33%, 30대 32%로, 40~50대보다

10%p 이상 낮다. 역설적이게도 이러한 체제 불신은 진보에 대한 반감과 맞물려 보수적 이념 성향의 증가로 이어졌다. 스스로 보수라 답한 비율은 20대에서 18%→28%, 30대에서 20%→33%로 크게 늘었다.

2030세대는 86세대가 가진 '진보=선, 보수=악'이라는 이분법적 도덕관에서 벗어나 있다. 이들은 진보 진영의 위선을 경험하며 도덕적 신화가 붕괴되는 것을 목도했다. 이들은 이념보다 공정, 능력, 성과 등 실용적 가치를 판단 기준으로 삼는다. 20대에서 이재명 후보 지지율이 가장 낮았다는 점, 맹목적 지지보다 이슈 중심의 비판적 태도를 견지한다는 점이 이를 방증한다.

2030세대의 보수화는 문재인 정부의 주요 정책 실패에 대한 반작용 성격이 강하다. 페미니즘 정책에 대한 반감, 소득주도성장으로 인한 청년 일자리 감소, 부동산 가격 폭등으로 인한 미래 설계의 좌절, 조국 사태로 상징되는 공정성 붕괴 등. 2023년 청소년 가치관 조사에서 나타난 이들의 핵심 가치는 안정, 자유, 공정, 애국으로 요약된다. 이 중 자유와 애국 가치는 강한 대북·대중 반감과 연결되며, 민주당의 전통적 정책 기조와 충돌하여 보수정당에 대한 선호로 이어지는 경향을 보인다.

2030세대의 정치적 특성은 '높은 변동성을 지닌 거대한 무당층'으로 귀결된다. 18~29세의 무당층 비율은 40%에 육박한다. 이들은 특정 정당에 대한 충성도가 낮아 언제든 지지를 철회할 준비가 되어 있다. 이준석, 박지현 사례에서 보듯, 이들은 자신들의 목소리를 대변하는 인물을 '일회성'으로 소비하는 정치권의 행태에 깊은 실망감을 느끼고 있다.

　결론적으로, 2030세대는 한국 정치의 미래를 좌우할 핵심 집단이지만, 기성 정치권은 이들의 복합적인 요구를 제대로 수용하지 못하고 있다. 보수 진영은 '여가부 폐지'와 같은 단편적 구호에만 머물렀다. 진보 진영은 젠더 이슈를 선거 전략으로 소모한 후 외면했다. 앞으로 2030세대의 마음을 얻기 위해서는 단기적 선거 공학을 넘어, 그들이 중시하는 공정, 안정, 자유의 가치를 정책으로 구현하고, 젠더 갈등을 포함한 사회 문제에 대해 진정성 있는 소통과 해결 의지를 보이는 것이 시급한 과제이다.

제5부

단계적 로드맵 2025 ~ 2030

손용우 한반도선진화재단 정책위원

보수의 재건은 철학의 복원과 함께 구체적 실행 전략이 병행
되어야 한다. 이 장은 2025~2030년을 기준으로 한국 보수가 나
아가야 할 개혁 로드맵을 제시한다.

단기(2025~2026)에는 보수 정당과 시민사회가 연대해 개혁 전
선을 구축하고, KCU(한국보수연합)과 KCPAC(한국보수정치행동회
의)을 제도화하여 개혁보수의 구심체를 마련해야 한다. 특히 공
천개혁과 청년 정치 아카데미를 중심으로 민주적 인재 등용 시
스템을 정착시키는 것이 핵심이다. 지방선거는 개혁 공천의 시
험장이 되어야 하며, 지역 기반의 풀뿌리 네트워크를 통해 국민
신뢰를 회복해야 한다.

중기(2027~2028)에는 전국적 보수 네트워크를 확장해 시민사
회·청년·중도세력 간 연합체를 구축하고, 정책 캠페인을 중
심으로 개혁보수의 비전을 확산시켜야 한다. 이 시기에는 단순
한 선거 승리보다 '보수의 시대정신'을 확립하는 데 중점을 둬
야 한다. 공정·책임·자유·공동체라는 핵심 가치를 실천하
며, 경제·안보뿐 아니라 복지·환경·젠더 등 국민의 삶과 직
결된 의제에서 실용적 대안을 제시해야 한다.

장기(2029~2030)에는 혁신 보수의 가치와 인적 기반을 바탕으로 대선 주자를 육성하고, 개헌을 포함한 국가 구조개혁을 추진해야 한다. 대통령중심제의 폐해를 보완하는 책임형 분권 체제, 그리고 청년·시민사회 중심의 새로운 정치 질서가 구축되어야 한다.

궁극적으로 이 로드맵은 '보수의 재건'을 넘어 '대한민국의 재도약'을 위한 전략이다. 공동체자유주의를 중심에 두고, 자유와 책임·시장과 공동체·전통과 혁신의 조화를 실현할 때 보수는 다시 국민의 신뢰를 얻고 국가 비전을 주도하는 세력으로 설 수 있다.

1. 문제 제기

12 · 3 계엄 사태 이후 보수 진영은 이념의 공백과 수도권 민심 이탈이라는 구조적 취약점을 드러냈다. 본 장은 이러한 위기를 극복하기 위해 자유와 공동체 가치의 조화로운 균형을 지향하는 공동체자유주의에 기반한 헌정 질서의 회복과 개혁의 제도화, 전국정당화라는 축을 중심으로 보수 재건의 실행 경로를 제시한다. 먼저 이재명 정부의 반헌법적 국정 독주와 민주주의 훼손 양상을 진단하고, 이어서 보수 진영의 실행 전략을 단기 · 중기 · 장기의 로드맵으로 제시하여 최종적으로 대선 집권 준비로 연결한다. 아울러 철학에 뿌리내린 실천을 제도화하고, 전환의 시대에 부합하는 개헌을 추진함으로써 2026년 지방선거, 2028년 총선, 2030년 대선으로 이어지는 연쇄적 승리를 목표로 삼는다. 결국 보수가 "왜 바꾸고, 무엇을 바꾸며, 어떻게 바꿀 것인가?"라는 질문에 철학과 제도로 답할 때 2030년 새로운 헌정 체제의 설계자가 될 수 있다.

2. 민주주의의 또 다른 위기
이재명 정부의 반헌법적 독주

윤석열 전 대통령은 헌정 질서를 수호해야 할 책무를 저버리고, 정치적 위기 돌파를 위해 12·3 계엄이라는 헌법 밖의 수단을 감행했다. 이는 민주주의의 가드레일을 허무는 자해적 선택이었으며, 결국 국민의 준엄한 심판으로 이어졌다. 그러나 정권교체 이후 등장한 이재명 정부와 집권당 민주당의 통치는 또 다른 형태의 헌정 위기를 초래하고 있다.

이재명 정부는 자유민주주의의 핵심 가치인 권력분립과 절차적 정당성을 훼손하고 정치적 목적에 따라 법과 제도를 자의적으로 재구성하고 있다. 특히 야당을 국가 전복 세력으로 규정하고 '내란 세력'이라는 낙인을 씌우는 행위는 민주주의의 핵심 규범인 상호 관용과 공존의 문화를 무너뜨리는 중대한 위협이다. 이러한 배제와 적대의 정치가 정상적인 경쟁을 불가능하게 만들고 정권 간 교체를 오직 보복의 연쇄로 전락시킴으로써 대한민국 헌정 질서의 근간을 흔들고 있다.

이 위기는 단지 정치적 격화가 아니라 민주주의를 점진적으로 침식하는 구조적 현상으로 굳어지고 있다는 데 본질적인 위험이 있다. 하버드

대 정치학자 스티븐 레비츠키와 대니얼 지블랫이 『어떻게 민주주의는 무너지는가』에서 강조했듯이, 민주주의를 지속시키는 두 축은 '상호 관용'(mutual toleration)과 '제도적 자제'(institutional forbearance)다. 그러나 이재명 정부 아래에서 이 두 가지 규범은 심각하게 훼손되고 있다.

노란봉투법 개정, 반(反)원전 정책 등 이념 성향이 강한 입법과 정책은 시장 자율성과 기업 활동을 제약하며 경제의 활력을 약화시키고 있다. 대외적으로도 한미동맹과 한일 협력을 표면적으로 유지하는 동시에, 중국·러시아·북한을 의식한 모호한 행보를 반복하면서 전략적 일관성을 상실하고 있다. 국정 운영의 외피는 실용주의를 표방하지만, 실제로는 진보 좌파의 이념적 경향이 사법부에 대한 압박, 입법 독주, 권력기관의 재구성 시도와 결합되어 권력분립을 허물고 있다.

민주당은 거대 의석을 동원해 특별재판부 설치, 대법관 증원, 사법부 구조 개편 등을 일방적으로 추진하고 있으며, 이는 헌정 질서를 합법의 외피로 포장해 잠식하려는 '합법적 권위주의화'의 전형이다. 나아가 야당을 '내란 세력'으로 규정하고 다수결의 논리를 절대화하며 의회 독주를 정당화하는 모습은 민주주의 제도를 장기 집권의 도구로 전환하려는 위험한 흐름으로 읽힌다.

이처럼 **이재명 정부에서의 민주주의의 위기는 외형은 유지하면서도 내용과 정신이 점진적으로 파괴되는 '침식형 붕괴'로 진행되고 있다.** 대한민국의 민주주의를 지키기 위해서는 이 위기의 구조를 냉철하게 인식하고, 공동체적 책무 의식과 헌법정신에 입각한 전략적 대응이 절실하다. 아래에서는 이러한 위기의 구조적 성격을 진단하고 민주주의 침식이 한국 사회에 초래할 수 있는 경로와 그 파급 효과를 분석하고자 한다.

경쟁 정당 부정과 정치적 낙인

민주주의의 기본 규범은 경쟁하는 정당을 적이 아닌 함께 공존해야 할 파트너로 인정하는 상호 관용에 있다. 그러나 집권 민주당은 정권을 잡자마자 야당인 국민의힘을 '내란 세력'으로 규정하며 정적의 정당성을 노골적으로 부정하고 있다. 실제로 정청래 민주당 대표는 "내란과의 전쟁은 끝나지 않았다"면서 국민의힘이 이른바 내란 세력과 결별하지 않으면 위헌 정당 해산 심판을 청구할 수 있다고 공개 경고했다. 이는 경쟁 정당을 헌정 공동체 밖 반체제 세력으로 몰아붙이는 행위로, 레비츠키 등이 지적한 민주주의 붕괴의 전형적인 경고 신호에 해당한다. 집권 세력이 공식적으로 제1야당의 존재 자체를 부인하고 정치적 낙인을 찍고 있다는 점에서 한국 민주주의의 건전한 경쟁 기반이 크게 훼손되고 있다.

주지하듯이 이러한 상호 적대적 정치는 이전 정부에서도 나타났다는 사실이다. 윤석열 전 대통령 역시 계엄 선포 당시 민주당이 장악한 국회를 '범죄자 집단의 소굴'이라고 매도한 바 있다. 이제는 민주당이 국민의힘을 내란 공모 세력으로 몰아붙이며, 서로를 국가반역자나 범죄 집단으로 규정하는 극단적 적대관계가 반복되고 있다. 이러한 정치의 적대화는 정책 경쟁을 불가능하게 만들고, "상대를 죽여야 내가 산다"는 식의 제로섬 정치로 전락시키고 있다. 그 결과, 민주주의를 지탱해 온 관용과 합의의 문화는 파괴되고 정권교체마다 정치보복의 악순환이 심화되는 위험한 추세가 나타나고 있다.

입법 독주와 사법부 무력화

레비츠키와 지블랫은 현대 민주주의가 무너지는 한 방식으로 '합법적 수단을 동원한 권위주의화'를 지적한 바 있다. 이는 집권 세력이 법과 제도를 무기 삼아 권위를 자신들에게 유리하게 집중시키고, 겉으로는 합법성을 가장하면서 실제로는 민주주의와 헌법정신을 잠식하는 행태를 말한다. 현 집권 민주당의 행보가 바로 이런 모습을 여실히 보여주고 있다. 거대 의석을 등에 업은 민주당은 입법 권력을 사실상 독점한 채 제도의 안전장치를 해체하고 있으며, 법치의 기본 원칙과 권력분립의 경계를 넘나들며 제도적 자제 없이 권력을 남용하고 있다.

가장 대표적인 사례가 민주당이 추진한 '내란 특별재판부' 신설 시도이다. 민주당은 자체 입법으로 특정 사건의 영장 청구와 재판을 전담할 특별판사 · 특별재판부를 구성하도록 법안을 발의했는데, 이는 입법부 주도로 사법부를 재구성하려는 발상으로 권력분립 원칙을 정면으로 침해하는 것이다. 이재명 대통령은 취임 100일 기자회견에서 "특별재판부는 위헌이 아니며 국가 시스템 설계는 입법부 권한"이라고 주장했지만, 대다수 법조인과 법학자는 "사건 배당은 법원의 고유 권한이며 국회가 특정 재판부를 인위적으로 구성하는 것은 명백한 위헌"이라고 반박하고 있다. 국민 다수의 법 상식도 이러한 견해에 동의한다. 특별재판부 법안은 겉보기에는 사법 정의 실현을 내세우고 있으나, 실제로는 입법부가 사법부를 장악하여 정치적 목적에 맞는 재판부를 만들겠다는 위험한 시도로 평가된다.

민주당은 최근 조희대 대법원장에 대한 사퇴 압박과 탄핵 추진, 대법관 증원, 법관에 대한 평가·징계 제도 도입 등 사법부를 겨냥한 일련의 조치를 밀어붙이고 있다. 이러한 조치들은 개별 사안처럼 보이지만 본질적으로는 모두 사법부를 입법부 영향권 아래 두려는 일련의 연계된 흐름이며, 사법부 수장의 권위를 흔들고 사법부의 독립성을 부정함으로써 사법부 장악을 노리는 권력 게임이다. 집권 세력이 사법부와 헌법기관을 자신의 정치적 이해관계에 따라 길들이기하려는 이러한 시도는 삼권분립의 균형을 붕괴시키고 법치의 근간을 훼손하는 매우 위험한 행태라 할 수 있다.

민주당 정권은 통치 명분으로 '국민주권'을 내세우지만, 실제 행태를 보면 거대 의석수를 무기 삼아 다수결 만능주의에 기대어 입법 폭주를 거듭하고 있다. 민주주의에서는 다수결이 중요하지만 동시에 소수 권리의 보장, 권력분립, 법치주의라는 가드레일을 통해 권력의 균형을 중시한다. 그러나 현 집권 세력은 이러한 제도적 자제 없이 다수의 힘만을 앞세워 입법권을 남용하고 있다. 법률을 교묘히 유린하면서도 모든 것을 합법적 절차로 포장하여 추진하고 있기 때문에, 겉으로는 합법의 외피를 쓰고 있지만 실제로는 헌법정신을 잠식하는 반헌법적 권위주의로 치닫고 있다. 결국 민주당의 이러한 행보는 법치주의를 스스로 훼손하는 자기모순에 빠져있다. 권력분립을 파괴하고 사법부와 헌법기관의 권위를 능멸하는 이러한 행태야말로 한국 민주주의를 장기 권위주의 체제로 끌고 갈 위험한 전조라 하지 않을 수 없다.

전략적 모호성과 외교안보의 균열

이재명 정부는 출범 직후 한미동맹과 한미일 안보협력을 강조하여 겉으로는 우호적인 대외 노선을 보이는 듯했다. 그러나 실제 정책 전개를 보면 한국의 외교안보 노선에 심각한 균열을 초래할 우려가 곳곳에서 나타나고 있다. 예컨대 중국의 전승절 행사에 국회의장을 포함한 고위 대표단을 파견하여 한미일 공조에 균열을 노출시켰고, 국가정보원은 이종석 원장 체제에서 대공(對共) 및 대북 수사 역량이 현저히 약화될 것이라는 비판을 받고 있다. 또한 정동영 통일부 장관은 국회 답변 과정에서 북한의 도발 자체보다 남측 대응을 문제 삼는 듯한 발언을 해 '북한 눈치보기' 논란을 자초했다. 이러한 행보는 이재명 정부의 저변에 친북중러 성향이 자리하고 있으며, 표면적인 동맹 강조와는 달리 전략적 모호성이 확대되고 있음을 보여준다.

이재명 정부는 공식적으로 '한미동맹은 기본'이라고 강조하면서도, 동시에 중국과의 협력 강화, 러시아와의 교류 재개, 그리고 북한과의 대화 우선 기조를 병행하고 있다. 이러한 양면 전략은 북중러 협력 심화와 미중 전략경쟁이 격화되는 국제 환경 속에서 한국의 전략적 입지를 모호하게 만들고, 자유민주 진영 내에서 한국에 대한 신뢰를 약화시키고 있다. 이러한 이유로 미국의 보수 진영은 이재명 정부에 대한 깊은 불신을 드러내고 있다는 분석도 있다. 만약 트럼프 2기 행정부가 한국을 향해 관세 인상, 대미 투자 압박, 방위비 분담 증액 등 과도한 요구를 해오고, 그에 맞서 한국 내 진보좌파 세력이 반미 감정을 부추기는 사태가 벌어진다면 이재명 정부는 이를 정치적으로 활용하려 할 것이고, 최악의 경우 한미동맹 자체가 파국에 이를 가능성도 배제할 수 없다. 이처럼 동맹에 대한 신뢰 균열과 반미 정서 자극까지 잠재된 위험 요소로 떠오르고 있다.

더 심각한 문제는 대북 안보 정책의 후퇴이다. 북한은 군사적으로 핵보유국이다. 김씨 정권이 유지되는 한 후대에도 완전한 비핵화는 불가능한 상황이다. 그럼에도 이재명 정부는 '핵 중단 → 축소 → 폐기'의 3단계 구상을 통해 과거 진보정권들의 실패를 답습하는 한반도 비핵화 노선을 반복하고 있다. 이러한 대북 접근은 확장 억제 강화나 실질적 억지력 확보와는 거리가 먼, 대화 중심의 일방적 접근으로서 국민 안전을 지킬 수 없다는 것은 자명하다. 현재 한반도의 안보 현실이 근본적으로 변하지 않은 상황에서 대화와 평화 공세만으로 북핵 위협을 억제하겠다는 것은 매우 위험한 착각이다. 그 어느 때보다도 대화를 통한 평화가 아니라 힘을 통한 평화가 필요하다,

나아가 이재명 정부의 대북 노선에는 대한민국 헌법 질서와 충돌하는 요소마저 내포되어 있다. 이재명 대통령은 취임 후 '3대 대북 원칙'(북한 체제 존중, 흡수통일 불추구, 적대행위 전면 중단)을 선언하고, 유엔 총회 연설에서는 'END 이니셔티브'라는 대북 로드맵을 제시했다. 표면적으로 교류(Exchange), 관계 정상화(Normalization), 비핵화(Denuclearization)로 한반도 냉전 구조를 종식하겠다는 구상이다. 그러나 여기서 말하는 '관계 정상화'는 국가 대 국가 간 수교를 의미하기 때문에 결과적으로 김정은이 주장해 온 '두 국가론'을 사실상 수용하는 발상이 된다. 정동영 통일부 장관은 '남북은 사실상의 두 국가'라고까지 발언하여, 남북 관계를 통일될 때까지 특별한 하나의 국가 내부 관계로 규정한 1991년 「남북 기본합의서」의 원칙을 정면으로 부정했다. 이는 또한 대한민국 헌법 제3조에 명시된 "대한민국의 영토는 한반도와 그 부속도서로 한다"는 영토 조항 및 통일 조항과도 충돌하는 것이다.

　결국 이재명 정부의 이러한 대북 구상은 명목상 평화를 위한 구상처럼 보이지만, 실질적으로는 한반도 분단을 영구화하고 헌법 질서를 잠식할 위험성을 안고 있다. 통일부 폐기론 논란도 이러한 '두 국가론'을 제도화하려는 사전 정지 작업의 일환이다. 소위 민족 자주파가 주도하는 이러한 일련의 움직임은 대한민국의 헌법 질서와 국가 전략의 축을 민족 중심의 패러다임으로 전환하려는 의도이며, 그 결과 북한에 대한 억지력은 약화되고 한미동맹의 신뢰는 흔들리며 국제 비확산 원칙은 훼손되는 삼중의 구조적 위험을 초래하고 있다. 이것은 헌법이 수호하도록 규정한 자유민주적 기본질서와 국민의 생명과 안전보호

책무에 정면으로 반하는 위험한 노선이라 하지 않을 수 없다.

결과적으로 **이재명 정부의 외교·안보 전략은 ① 친북·친중·친러 경향의 강화, ② 전략적 모호성의 증대, ③ 미국 행정부와의 불신 심화, ④ 반미 감정의 정치적 활용 가능성, ⑤ 북핵 대응 실패라는 다층적 위험을 내포하고 있다.** 이러한 노선은 장기적으로 대한민국의 국가 안보 전략을 왜곡시키고 자유민주주의 가치 동맹 내에서 우리의 입지를 약화시키는 구조적 위협으로 작용할 것이다.

재정 포퓰리즘

이재명 정부는 집권 이후 각종 현금 지원과 포퓰리즘적 복지 정책을 쏟아내고 있다. 최저임금 인상, 전국민 지원금, 기본소득 담론 등 지출 확대 정책들은 표면적으로 서민 생활 안정을 내세우고 있지만, 이면에는 지지층 결집과 단기 선거 이익을 노린 전략이 엿보인다. 이념적으로 볼 때 이러한 정책 기조는 평등과 분배를 강조하는 진보 좌파의 노선에 뿌리를 두고 있으며, 자유와 성장보다 국가 개입을 중시하는 방향으로 급격히 선회한 것이다. 문제는 한국 사회가 이미 저출산·고령화로 복지 지출이 급증하고 잠재성장률이 하락하는 구조적 제약에 직면해 있다는 점이다. 이런 상황에서 지속 가능성에 대한 고려 없이 무분별한 재정지출을 남발한다면 국가 채무는 눈덩이처럼 불어나고 머지않아 미래 세대가 감당하기 어려운 부담을 떠안게 될 것이 불 보듯 뻔하다. 결국 지금의 방향이 계속되면 이재명 정부의 경제 정책은 재정 포퓰리즘의 함정에 빠질 위험이 크다.

더욱 우려스러운 대목은 이러한 **포퓰리즘적 재정 운영이 민주주의 제도에 대한 신뢰 약화로 이어질 수 있다는 점이다.** 레비츠키 교수의 지적대로 민주주의의 지속을 위해서는 권력의 절제, 즉 제도적 자제가 필수적인데, 재정 권한마저 정치적으로 남용될 경우 국가는 '재정 포퓰리즘의 덫'에 빠지게 된다. 그 단적인 예로 베네수엘라 차베스 정권은 석유 호황기에 무상 복지와 각종 보조금을 남발하여 단기적인 국민 지지를 확보했으나, 재정 기반 붕괴와 함께 국가 경제가 파탄 나고 결국 민주주의도 권위주의 체제로 추락한 바 있다. 아르헨티나, 터키 등 다른 나라들도 포퓰리즘의 악순환 속에서 경제위기와 민주주의 후퇴를 겪은 역사가 있다. 한국이 이러한 전철을 밟지 않으려면 단기적 인기 영합이 아니라 지속가능한 성장과 세대 간 형평성을 고려한 책임 있는 재정 운용이 필수적이다. 국가 재정은 한 번 신뢰를 잃으면 회복하기 어려운 공공 자산이며, 이를 남용하는 것은 경제위기뿐만 아니라 민주주의의 근간마저 흔들릴 수 있는 위험한 선택임을 명심해야 한다.

제도 침식형 권위주의 전망

이재명 대통령은 취임 100일 기자회견에서 "모든 것은 국민의 뜻에 달려 있다"며 직선된 권력이 간선된 권력보다 우위에 있다는 인식을 드러냈다. 주권자인 국민을 내세우면서도 그 해석 권한을 특정 권력이 독점하겠다는 이러한 발상은 권력분립과 견제라는 헌법정신을 심각하게 훼손하는 위험천만한 태도이다. 사실상 전제 군주적 사고와 다르지 않은 이러한 인식은 한국 민주주의가 앞으로 밟게 될 수 있는 여러 침식 경로를 예고한다. 다시 말해, 국민의 직접 선거로 뽑힌 권력이라 할지라도 헌법이 부여한 제한을 넘어 무제한적 정당성을 주장할 때 민주주의는 내부로부터 서서히 무너질 수 있다는 경고 신호이다.

실제로 이재명 정부의 최근 행보를 종합하면, 민주주의를 지탱해 온 여러 가드레일(안전장치)이 동시다발적으로 약화되고 있으며 제도가 점진적으로 무너질 수 있는 경로 시나리오가 나타나고 있다. 앞서 살펴본 사법부 장악 시도, 입법 독주로 인한 권력분립 훼손, 외교안보 전략의 모호성, 재정 포퓰리즘의 확대는 각각 독립적인 위험인 동시에 상호 결합하여 민주주의의 기반을 심각하게 흔들 수 있는 요소들이다. 여기에 더해 민주당이 추진하고 있는 언론에 대한 징벌적 손해배상제도 역시 중요한 위협 요인으로 지목된다. 정부 여당은 이를 가짜뉴스 방지를 위한 조치라고 주장하지만 실제로는 정부에 비판적인 언론을 위축시키고 여론의 다양성을 억압하는 데 악용될 소지가 크다. 언론 자유가 제약되면 시민들은 권력을 감시하는 눈을 잃게 되고, 이는 민주주의 침식을 가속화하는 또 하나의 요인으로 작용할 것이다.

레비츠키의 연구가 일깨워주듯, 민주주의의 위기는 군부 쿠데타 혹은 계엄과 같은 극적인 형태로만 오는 것이 아니다. 오히려 선출된 권력이 법률과 다수결의 외피를 활용하여 권력을 서서히 집중시키는 '침식형 붕괴'의 특징을 보인다. 겉보기에는 민주적 절차를 따르는 듯하지만, 실질적으로는 민주주의의 내부 기반을 조금씩 침몰시키는 것이다. 민주주의의 존속을 위해 제도적 자제와 상호 관용이 필수적이지만, 그것이 사라질 때 민주주의는 내부에서부터 무너져 내린다. 더 큰 문제는 시민들이 이러한 붕괴를 자각했을 때는 이미 되돌리기 어려운 지점에 이르러 있는 경우가 많다는 사실이다. 지금이야말로 민주주의의 추가 침식을 막고 헌정 질서를 회복하기 위해 보수 진영이 전략적 실천 과제를 서둘러 추진해야 할 때다. 눈앞의 권력 투쟁이 아닌 대한민국 민주주의의 미래를 위해 이제 보수 진영이 중심을 잡고 대응에 나서지 않는다면 회복의 기회는 더 어려워질 수 있다.

3. 보수의 단계적 실천 과제
단기·중기·장기 로드맵

앞서 살펴본 데로, **보수의 가장 큰 위기는 이념과 철학의 부재이다.** 보수는 본래 자유와 책임, 전통과 공동체, 그리고 미래 비전을 함께 짊어지는 사상적 공동체여야 한다. 그러나 지난 수년간 보수 정당은 이러한 철학적 기반을 상실한 채 권력 유지와 선거 승리에만 매몰되어 왔다. 그 결과 기득권에 안주하고, 시대정신과 유리된 채 국민에게 비전

없는 보수라는 평가를 받고 있다.

　공동체자유주의적 시각에서 보수가 회복해야 할 길은 분명하다. 첫째, 자유와 공동체라는 두 축을 균형 있게 결합해 보수의 정체성을 재정립해야 한다. 둘째, 모든 정책은 이러한 철학과 시대적 비전에 부합해야 하며 단기적 선거 이익에 따라 흔들려서는 안 된다. 셋째, 보수는 자유주의의 확대와 다원주의 가치를 존중하며 중도는 물론 합리적 진보까지 포용하는 통합적 정치세력으로 거듭나야 한다. 넷째, 과거 세대의 성취와 실패를 성찰하고 이를 계승·발전시켜 미래세대에 희망과 혜안을 제시해야 한다. 다섯째, 기득권을 내려놓고 도덕성과 정직성을 회복하기 위해 피눈물 나는 내부 혁신과 정풍(整風) 노력을 지속해야 한다. 여섯째, 보수의 승리는 단순히 권력을 잡는 데 있지 않고 사상과 비전의 진정한 승리에 있다. 이것을 염두에 두고 세계적 흐름과 문명사적 전환을 통찰하여 국정 운영의 큰 방향과 전략을 선도하는 집단이 되어야 한다.

　그러나 현실의 보수는 이러한 과제를 제대로 수행하지 못하고 있다. 이념적 정체성은 희미하고, 도덕적 리더십은 약화되었으며, 기득권 정치의 이미지에서 벗어나지 못하고 있다. 바로 이 지점에서 보수 재건과 혁신의 전략적 로드맵이 요구된다. 이 장에서는 보수 승리를 위한 로드맵을 단기(2026 지방선거), 중기(2028 총선), 장기(2030 대선)라는 3단계 구도로 제시한다. 단기 전략은 2026년 지방선거를 중심으로 보수혁신의 기틀을 마련하고 조직화하는 데 초점을 둔다. 중기 전략은 개혁보수가 주도하는 총선 승리를 목표로 정책, 인재, 캠페인 전략을 대략적으로 다루며, 장기 전략은 보수 재건의 성과를 집대성해서 궁극적으로 정권교체와 국가적 비전 실현을 준비하는 청사진을 담는다. 그러나 철학적 보수의 복원 없이는 이러한 전략적 로드맵도 공허한 메아리에 그칠 수밖에 없다.

단기 : 2025~2026

보수 혁신 공동전선 구축 및 인재 육성 기반 조성

2025~26년은 보수 재건 프로젝트의 초석을 놓는 초기 단계이다. 이 기간에 당내 체질 개선과 조직 혁신을 마무리 짓고, 다가올 전국 선거에 대비한 기반을 구축해야 한다. 이 단계가 성공적으로 진행된다면 개혁보수 진영은 향후 총선과 대선에서 건곤일척의 승부를 겨룰 수 있는 발판을 마련할 것이다. 이를 위해 다음과 같은 실천 과제를 추진한다.

보수 혁신 '공동전선' 구축 (당과 시민사회의 연대 플랫폼 설립)

2025년에 최우선 과제는 흩어져 있는 보수 개혁 세력을 하나의 공동 혁신전선으로 결집시키는 것이다. 이를 위해 가칭 '보수혁신연대'를 출범시켜 당 밖의 시민사회 인사, 싱크탱크 전문가, 학계, 정치권의 개혁 성향 정치인, 청년 리더들이 폭넓게 참여하도록 한다. 이 연대 기구는 보수 혁신 어젠다를 공동 개발하고 대외적으로 발신하는 혁신 플랫폼의 역할을 맡게 된다. 무엇보다 당(黨)과 시민사회가 따로 움직이는 기존의 분절된 구도를 넘어 하나로 결속된 보수 혁신 전선을 형성해야 한다.

미국의 사례는 중요한 참고가 된다. **헤리티지재단**은 1981년 레이건 행정부 출범기에 『Mandate for Leadership』을 발간하여 보수 집권을 위한 정책 청사진과 인사 전략을 제시했고, 이것은 실제 국정 운영에 상당 부분 반영되며 보수 정권 성공의 밑거름이 되었다. 또한 1964년 설립된 **미국보수연합**(ACU: American Conservative Union)은 작은 정부, 자유시장, 강한 안보, 전통 가치를 기치로 내걸어 보수 정치의 중심축을 형성했으며, 1974년부터 매년 **보수정치행동회의**(CPAC: Conservative Political Action Conference)를 개최하여 청년·지식인·정치인을 아우르는 보수 연합체의 구심점 역할을 수행해오고 있다.

한국 보수도 이 두 모델을 동시에 참고해야 한다. 즉, **정책 지침을 제공하는 싱크탱크형 전략 거점과 다양한 보수 단체들을 연합시키는 운동 플랫폼을 함께 구축**해야 한다. 이를 위해 **한국판 ACU라 할 수 있는 KCU** (Korea Conservative Union)**를 설립하여 보수 진영 전체의 연합 구심점으로 발전시켜야 한다.** 이 연합체는 정기회의를 통해 보수 혁신정책을 협의 및 조율하고, 필요시 공동성명이나 캠페인을 전개하여 보수 재건의 컨트롤타워로 기능해야 한다. 2026년 상반기에는 이러한 노력을 결집하여 전국 보수 단체와 인사들이 참여하는 '보수혁신 선언대회'를 개최함으로써 "보수가 변하고 있으며 하나로 뭉치고 있다"는 강력한 메시지를 대내외에 선포해야 한다.

새로운 보수 혁신 플랫폼 (KCU 창립과 대한민국 보수혁신 캠페인)

보수혁신연대 구상을 제도화하고 확장하는 단계로서 KCU의 창립과 더불어 보수혁신 캠페인을 출범시켜야 한다. KCU는 보수 진영의 싱크탱크형 전략 거점이자 연합 플랫폼으로서 국내 주요 시민단체·직능단체·종교단체·학계·청년 조직 등을 망라해 보수의 '빅텐트'를 형성하는 것을 목표로 한다. KCU는 정책 지침을 공동 개발하고 혁신 어젠다를 공유하며, 연합 캠페인 전개, 공동성명 발표, 정기회의 개최 등을 통해 보수 재건의 컨트롤타워로 자리매김해야 한다.

대한민국 보수혁신 캠페인은 KCU와 연동하여 가동될 대중 참여형 플랫폼이다. 미국의 CPAC를 단순 모방하는 데 그치지 않고 한국적 맥락에 맞는 독자적 정체성을 갖춘 국민 참여 캠페인으로 발전시켜야 한다. 매년 서울에서 대규모 컨퍼런스를 정례화하여 보수 지지자들의 축제이자 결집의 장으로 만들고, 지역 순회 타운홀 미팅이나 지방 컨퍼런스로 확대하여 전국적인 네트워크 효과를 창출한다. 국내 보수 정치인과 시민사회 지도자는 물론 해외 보수 진영과의 교류도 적극 추진하여 국제적 연대와 위상도 함께 강화한다. 결국 KCU가 정책·전략의 두뇌로 기능하고, 보수혁신 캠페인이 대중적 확산과 결집의 무대로 기능함으로써 보수 진영은 철학·정책·조직·대중성을 아우르는 입체적 인프라를 구축할 수 있다. 이것은 침체되었던 보수 진영에 새로운 활력과 동력을 불어넣고 국민에게 보수의 재건과 혁신이 구체적 현실로 나타나고 있음을 체감하게 만드는 핵심 추진축이 될 것이다.

보수청년 정치아카데미 운영(세대교체와 인재육성 프로젝트)

보수 재건 전략은 연대 조직 구축에서 멈춰서는 안 된다. 그 성과의 현실성과 지속성을 담보하려면 반드시 체계적인 인재 양성이 뒷받침되어야 한다. **올바른 보수 이념 교육을 통해 차세대 리더십을 육성하는 것이 핵심 과제다.** 앞서 KCU가 보수 재건의 공론장 역할을 하고 보수혁신 캠페인이 운동성을 제공한다면, 보수청년 정치아카데미는 이 틀 속에 새로운 세대를 투입하는 제도적 통로가 된다. 보수 성향의 싱크탱크와 시민사회, 그리고 정당 산하 교육기관 등이 공동으로 참여하여 2026년 상반기부터 아카데미 프로그램을 개설해야 한다. 이 과정에서는 정해진 로드맵에 따라 청년 50~100명을 선발하여 정치철학, 국정 정책, 토론훈련, 모의의회, 멘토링 등을 집중 교육한다. 수료생에게는 국회의원실 및 정책연구소 인턴십, 지역정치 활동 경험을 제공하고, 유망 인재들은 지방선거와 총선 출마로 이어질 수 있는 경로를 열어준다.

이 아카데미는 세대교체의 제도화 장치로 기능해야 한다. 매년 기수

별 정례 운영을 통해, 2026년 지방선거에서는 기초·광역의원 등 풀뿌리 정치에 청년 인재들을 후보 혹은 스텝으로 대거 등용하고, 2028년 총선과 2030년 대선까지 선거 주기마다 적재적소에 투입할 수 있도록 준비한다. 아울러 대학생 보수캠프, 고교 모의국회 등 저연령층 프로그램과 연계하여 인재 저변을 확대해야 한다. 헤리티지재단의 『Project 2025』가 차기 미국 행정부를 위한 인재풀 구축을 준비한 것처럼, 한국 보수도 2026년까지 청년 인재 데이터베이스(DB)를 확보하는 것을 목표로 삼아야 한다. 이를 통해 보수혁신 전선 구축, 보수 플랫폼 형성, 보수 인재 양성이라는 선순환 구조를 작동시켜 보수 재건의 토대를 확고히 제도화할 수 있다.

2026 지방선거(공천 혁신과 극복 과제)

2026년 지방선거는 그동안 준비해온 보수 혁신을 국민 앞에서 처음 검증받는 시험대이다. **이 선거의 가장 중요한 과제는 공천 혁신이다. 이를 성공시키는 것이야말로 "보수가 달라졌다"는 인식을 국민에게 심어줄 분수령이 된다.** 핵심은 개방성·공정성·경쟁력이라는 3대 원칙에 기반한 민주적 공천 모델을 정착시키는 것이다. 기존 현역 정치인 중심의 폐쇄적 구조를 혁파하고, 청년·전문가·시민사회 인재들이 폭넓게 참여할 수 있도록 문호를 개방해야 한다. 후보 선발 과정은 투명하고 공개적으로 운영되어야 한다. 이를 위해 공개 오디션 방식을 도입하여 잠재 후보들이 지역 주민 앞에서 정책과 비전을 설명하고 직접 평가받도록 한다. 발굴된 인재들은 일정 기간 정치 리더십 훈련과 지역사회 활동을 통해 검증받은 뒤 공천심사에 참여하도록 한다. 공천심사위원회는 현역 정치인뿐만 아니라 신진 인재풀을 동등한 조건에서 평가하고 시민평가단을 참여시켜 공정성을 강화해야 한다. 나아가 전략적 매칭을 통해 각 인재의 강점을 극대화할 수 있는 지역에 배치하는 노력도 필요하다.

그러나 이러한 혁신에는 거센 저항이 따를 수밖에 없다. 가장 큰 걸림돌은 기존 정치 기득권 세력이다. ▲현역 의원들의 무조건적 재공천 요구, ▲계파 정치와 줄세우기 관행, ▲지역 토호세력과 계파 정치에 기댄 독점 구조, ▲공천 거래와 같은 구태 정치, ▲청년·여성·중도 인재 영입에 대한 교묘한 내부 반발 등은 혁신 공천의 최대 장애 요인이다. 여기에 보수 혁신을 위한 재정적 한계와 새 조직 운영의 미숙함까지 겹치면 프로젝트는 좌초될 위험이 크다.

이러한 장애 요인들을 돌파하기 위해서는 세 가지 대응이 필수적이다. **첫째, 이번 지방선거가 단순한 지방 권력 획득이 아니라 향후 정권 재창출과 보수 생존이 걸린 중대한 승부라는 절박한 인식을 당과 시민사회 전반에 공유해야 한다. 둘째, 당 예산과 민간 후원을 조합해 안정적 재원을 확보하고, 과제별 전담 조직과 책임 체계를 구축하여 실행력을 높여야 한다. 셋째, 정책 아젠다와 공천 기준은 전문가들이 설계하되 검증과 실행 과정에는 시민사회 단체를 참여시켜 개방적 협력 구조를 마련해야 한다.** 궁극적으로 2026년 지방선거는 단순한 지역 선거가 아니라 기득권 보수 종식의 시험대가 되어야 한다. 국민이 "보수가 확실히 달라졌다, 참신한 인물들이 등장했다"라고 평가할 때에만 수도권 승리와 보수 재건의 동력이 확보된다. 반대로 기득권의 장벽을 끝내 넘지 못하면 그동안의 혁신 프로젝트 전체가 공허한 구호에 그칠 위험이 크다.

중기 : 2027~2028

개혁보수 주도의 선거 승리

2028년 총선은 보수 재건 프로젝트의 성패를 가를 분수령이다. 단기 로드맵에서 추진된 보수혁신연대, KCU · 보수혁신 캠페인, 청년정치아카데미, 지방선거 공천 혁신 등의 성과를 한 단계 더 끌어올려, 민의의 전당인 국회 차원에서 승리로 연결지어야 한다. 이를 위해 다음 전략을 중점 추진한다.

🚩
공천 혁신의 제도화와 '개혁보수' 브랜드 확립

2028년 총선의 관건은 낡은 기득권 구조를 청산하고 공천 혁신을 제도화하여 **'개혁보수' 브랜드를 국민에게 확실히 각인**시키는 것이다. 2026년 지방선거에서 실험된 **개방성 · 공정성 · 경쟁력의 3대 공천 원칙을 본격적으로 법제화 및 상시화**하여 현역 의원에 대한 성과평가 및 일정 비율 교체 원칙을 확립하고 계파정치, 줄세우기, 공천 거래 같은 구태를 근본부터 차단해야 한다. 특히 영남당에 안주해 온 수구 기득권 보수의 지역 독점 구조를 깨지 않고서는 보수가 전국적 대안 세력으로 도약할 수 없다. 따라서 수도권과 중부권으로 외연을 확장하고, 중산층과 중도층을 적극 포용하는 전략이 반드시 필요하다. 이를 통해 국민은 보수가 더 이상 과거의 권력 수호 세력이 아니라 변화와 미래를 준비하는 개혁 세력이라는 확신을 갖게 될 것이다.

　또한 보수는 진영 대립의 악순환에서 벗어나 국민의 실생활 문제를 해결하는 품격 있는 정치를 구현함으로써 중도 성향 유권자의 신뢰를 회복해야 한다. 극단적 대결을 지양하고 실용적 해법과 품격 있는 정치 문화를 보여줄 때 보수는 자유와 공동체를 아우르는 책임 있는 대안 세력으로 국민의 기대를 얻을 수 있기 때문이다. 총선 공약 또한 기득권 보수의 낡은 이념이나 추상적 구호를 반복해서는 안 된다. 무엇보다 국민이 체감할 수 있는 경제성장 전략을 중심에 두어야 한다. 이재명 정부가 포퓰리즘적 복지 남발과 현금 살포에 치중하면서 경제 활력을 왜곡시킨 현실을 정면으로 비판하고 보수는 성장과 혁신을 통한 민생 개선의 길을 제시해야 한다.

　저성장과 양극화에 대응하기 위해 청년 세대에게는 양질의 일자리 · 주거 · 창업 기회를, 중산층에게는 세제 합리화와 생활 안정 지원책을, 서민층에게는 지속가능한 복지 기반을 제공함으로써 분배가 목적이 아니라 '성장을 통한 공정한 번영'이라는 새로운 경제 패러다임을 확립해야 한다. 이를 뒷받침하기 위해 연금 · 교육 · 노동 같은 구조개혁 과제와 함께 혁신경제 및 첨단산업 육성, 지역 균형발전 전략을 종합적으로 제시해야 한다. 국민은 더 이상 추상적 구호가 아니라 삶의 변화를 체감할 수 있는 구체적인 성장 비전을 원한다. 바로 여기에 보수 승리의 열쇠가 있다. 선거대책위원회 역시 구태 정치인이 아닌 개혁 성향의 신진 인사, 청년, 전문가들이 전면에 나서야 한다. 국민이 납득할 수 있는 인적 쇄신과 개혁적 메시지를 통해 "보수가 정말 달라졌다"는 확신을 심어줄 때, 개혁보수는 기득권과 수구의 이미지를 넘어 변화와 미래의 대안 세력으로 자리 잡게 될 것이다.

보수 혁신 성과의 전국적 확산과 총선 승리 전략

2028년 총선의 최종 목표는 개혁보수가 국회에서 과반 의석을 확보하여 국회의 권력 구성을 재편하고 차기 대선 구도에서 주도권을 쥐는 것이다. 이를 위해서는 무엇보다 앞서 달성한 보수 혁신의 성과를 전국적으로 확산시켜야 한다. KCU와 보수혁신 캠페인을 각 시도별 지부와 직능별 분과로 확대하고 풀뿌리 조직력을 강화함으로써 전국 단위의 개혁 네트워크를 구축해야 한다. 이러한 조직적 기반은 수도권과 중부권 그리고 중도층과 중산층에서 지지 확장을 이루는 데 핵심적 역할을 할 것이다. 나아가 기존 보수 지지층뿐만 아니라 합리적 진보 성향의 유권자들까지 포용할 수 있는 개방형 연대 전략을 모색함으로써 보수 혁신의 외연을 최대치로 넓혀야 한다.

동시에 개혁 어젠다를 둘러싼 정책 캠페인을 지속적으로 전개하여 국민 참여와 여론 결집을 선거 국면까지 이어가야 한다. 이를 위해 보수 혁신 메시지가 전국적으로 파급되도록 캠페인 방식의 혁신이 필요하다. 이를 위해 국민이 직접 참여하고 토론하는 열린 캠페인으로 운영하여 국민적 신뢰를 얻어야 한다. 뉴미디어와 SNS는 물론 지역 순회 토론회, 시민 원탁회의 등을 통해 보수의 개혁 어젠다가 국민 생활 현장에서 살아 움직이도록 만들어야 한다. 이렇게 형성된 풀뿌리 여론은 선거 국면에서 자연스럽게 보수 혁신 세력에 대한 지지로 전환될 것이다.

궁극적으로 공천 혁신을 통한 인적 쇄신, 개혁보수 브랜드 확립, 전국적 캠페인 확산이라는 세 축이 맞물려 돌아갈 때에만 2028년 총선 승리가 가능하다. 특히 영남당의 틀을 깨고 수도권·중부권에서 새로운 보수에 대한 폭넓은 지지를 확보한다면, 이는 국회의 권력 지형을 근본적으로 바꾸는 역사적 성취가 될 것이다. 결국 중기 전략은 단기 성과를 제도화하고 외연을 확대하는 과정이며, 그 성공이야말로 장기 목표인 2030년 정권교체를 향한 동력을 본격적으로 마련해주는 전환점이 될 것이다.

정권 창출과 '2030 대한민국 비전' 완성

2030년 대선은 보수 재건 프로젝트의 최종 결실이다. 단기와 중기 전략을 거쳐 축적된 개혁과 혁신 성과를 집대성하여 보수가 다시 집권하고 대한민국의 새로운 국가 비전을 실현하는 것이 목표다. 이를 위해 다음과 같은 노력이 요구된다.

▌ 혁신보수 차기 대선후보 육성 및 보수 후보 단일화

2030년 대선에서 보수가 승리하려면 혁신보수의 철학을 체화한 지도자를 미리 준비해야 한다. 이를 위해 2028년 총선 이후부터 잠재적 대권 주자군을 체계적으로 발굴 및 관리하고 정치적 리더십 역량을 강화하는 프로그램을 가동한다. 40~50대의 유망 정치인, 광역단체장, 사회 각계 보수 성향 오피니언 리더 중 성장 가능성이 높은 인물들을 두루 찾아내어, 이들이 정책 개발, 대중연설, 국제 감각, 미디어 대응 등 다양한 분야에서 경쟁과 협력을 통해 역량을 축적하게 기회를 제공한다. 특정인을 조기에 낙점하기보다는 여러 후보군이 경쟁 속 함께 성장하는 방식이 바람직하다.

경선 과정에서는 무엇보다 당원의 권리와 책임 존중 원칙이 전제되어야 한다. 정당 민주주의의 정통성은 당원으로부터 나오며, 당원의 투표와 후보 선출 절차는 민주주의의 가드레일로 작동해야 한다. 따라서 경선 과정에서는 무엇보다도 당원 주권의 원칙이 전제되어야 한다. 경선은 두 단계로 구성하는 것이 바람직하다.

1단계에서는 당원 중심의 사전 평가를 통해 후보 자격을 엄격히 심사하고, 반헌법적이거나 극단적 성향을 지닌 인물은 원천적으로 배제해야 한다. 이 과정을 통해 정당의 이념적 정체성과 헌정 질서에 대한 책무를 함께 강화할 수 있으며 당원의 정치적 책임과 권리를 실질적으로 구현할 수 있다. 2단계에서는 본선 경선을 개방형 국민참여경선제로 확대하여 무당파를 포함한 일반 유권자도 일정한 인증 절차를 거쳐 경선에 참여할 수 있도록 한다. 이를 통해 정당의 대중성과 대표성을 동시에 제고하며 정당이 폐쇄적 조직이 아니라 국민과 함께 호흡하는 공공재로서 진화할 수 있는 기반을 마련할 수 있다.

다만 이러한 완전국민경선제의 도입은 단순한 정치적 실험이 아닌 제도적으로 심사숙고의 결과이어야 한다. 공정성, 신뢰성, 실행 가능성에 대한 충분한 사전 논의와 공론화 과정, 제도적 인프라 구축 및 시범적 적용이 선행되어야 한다. 특히 인증 체계, 온라인·오프라인 선거 시스템, 역선택 방지 장치 등에 대한 정밀한 설계가 동반될 때 비로소 제도의 현실 가능성과 정당성을 확보할 수 있다. 정당은 특정 정치세력의 플랫폼이 아니라 헌법 가치와 국민 의사를 연결하는 민주주의의 제도적 장치이다. 따라서 경선 제도는 당원의 정통성과 국민의 정당성을 조화롭게 담아내는 방향으로 진화해야 하며 이러한 제도적 실천은

곧 한국 정치의 품격과 민주주의의 성숙도를 가늠하는 척도가 될 것이다

무엇보다 중요한 것은 보수 진영의 후보 단일화이다. 경선 시작 전에 모든 후보가 원팀 서약을 함으로써 과도한 네거티브 경쟁을 방지하고, 경선 후에는 패배한 주자들도 선거대책본부의 주요 역할을 맡아 함께 뛰도록 해야 한다. 아울러 보수 성향의 소수정당과는 사전에 후보 단일화를 추진하여 표 분산을 막아야 한다. 궁극적으로 2030년 대선 경선은 후보를 뽑는 절차를 넘어서 혁신을 통한 보수 진영의 통합과 결집 문화를 제도화하는 시험대가 되어야 한다. 이 과정을 성공적으로 치러냄으로써 보수는 대선 국면에서 단결된 힘을 보여주고 국민적 신뢰를 얻을 수 있을 것이다.

'2030 대한민국 비전' 수립과 집권 준비

2030년 대선 캠페인의 핵심은 '2030 대한민국 비전'을 제시하는 것이다. 이 비전은 자유민주주의와 공동체 가치를 토대로 한 국가의 장기 청사진으로서 민주당 정부하에서 나타난 포퓰리즘과 왜곡된 정책 기조를 바로잡고 미래세대를 위한 지속가능한 국가 전략의 좌표를 제시하는 것을 목표로 한다. 비전은 지속 가능한 성장과 개혁 그리고 국가 정체성 회복이라는 원칙 위에서 수립되어야 한다. 무엇보다 중요한 것은 국민이 직접 참여해 설계하고 공감하는 과정을 거쳐야, 이 비전이

단순한 선거 공약을 넘어 새로운 국가 도약의 방향으로 받아들여질 수 있다는 점이다.

비전 수립은 일방적 발표가 아니라 국민 참여형 과정으로 완성해야 한다. 온라인 국민제안, 지역 공청회, 전문가와 청년 포럼 등을 통해 국민이 비전 설계 과정에 동참할 때 사회적 공감대가 형성된다. 비전 발표 후에는 전국 순회 캠페인과 TV 정책토론 등을 통해 해당 비전의 차별성을 강조하고, 이를 세대별 삶의 기대와 연결해 실질적 메시지로 전달해야 한다. 예를 들어 20대 청년층에게는 공정한 기회와 좋은 일자리를, 40대 중장년층에게는 주거 안정과 교육비 부담 완화를, 60대 장년층에게는 존엄한 노후와 자유민주적 통일 한국에 대한 자부심을 약속하는 식이다. 이렇게 각 세대가 공감할 수 있는 미래상을 제시함으로써, '2030 대한민국 비전'은 모든 국민을 아우르는 약속이 될 것이다.

집권 이후의 과제는 이 비전을 실현하는 데 맞춰져야 한다. 사전에 준비된 정책 보고서들과 인재풀이 뒷받침되어야 새 정부 출범 초반부터 강력한 개혁 드라이브를 걸 수 있고 임기 내내 혁신의 동력을 유지할 수 있다. 또한 2030년의 단기 성과에 안주하지 않고 2035년과 2040년을 내다보며 청년세대와 소통하고 시대변화에 대응해야 보수의 재도약이 일시적인 정권교체가 아니라 세대를 이어가는 역사적 흐름으로 자리매김할 수 있다. 결국 보수 진영의 통합과 지속적 혁신 노력이 축적될 때 대한민국은 자유와 공동체의 가치를 균형 이루는 새로운 길로 나아갈 수 있다.

4. 개헌을 통한 2030 체제의 설계

현행 헌법인 1987년 체제는 민주화의 위대한 성과였지만 동시에 대통령 단임제에 의한 제왕적 권한 구조, 국회의 무력화, 지방분권의 한계라는 구조적 제약을 남겼다. 그 결과 한국 정치는 정권교체 때마다 보복과 갈등이 되풀이되며 민주주의의 불안정성이 고착화되었다. 보수는 이러한 시대적 과제를 직시하고, 새로운 헌정 질서를 설계하는 개헌의 주도 세력으로 자리매김해야 한다.

개헌의 핵심 방향은 세 가지다. 첫째, 대통령제의 제왕적 권한을 제한 및 분산하고 국정 운영의 안정성을 높이는 권력 구조로 '분권형 대통령제 + 책임총리제'를 도입하는 것이다. 이를 통해 대통령 권력의 과도한 집중을 완화하고, 국회와 행정부 간 견제와 균형을 회복하며, 정치적 책임성을 제도화할 수 있다. 둘째, 국회의 권한 강화를 추진하되 동시에 다수당의 독주를 막을 민주적 가드레일을 마련해야 한다. 현재 민주당 사례에서 보이듯 절대다수 의회가 견제 없이 폭주하면 분권은 또 다른 권력 집중으로 변질될 수 있다. 따라서 개헌은 여야의 권력 나눠먹기가 아니라 헌정 질서의 복원과 민주적 견제 강화라는 대의 아래 추진되어야 한다. 셋째, 지방분권을 대폭 강화하여 수도권 일극 집중을 완화하고 지역 균형발전을 헌법적으로 뒷받침해야 한다. 아울러 헌법 전문과 조항에 자유민주주의, 공동체 가치, 미래세대에 대한 책임, 자유민주적 통일의 원칙을 명확히 담아 이러한 가치를 국가 운영의 근본으로 삼아야 한다. 이것은 개헌을 통해 공동체자유주의의 핵심 가치를 헌법에 천명함으로써 보수 진영이 추구해온 자유와 공동체의 조화를 헌법적 가치체계로 격상시키는 작업이 될 것이다.

개헌 성사의 최대 고비는 2028년 총선이다. 보수 진영은 개헌을 총선 공약의 핵심으로 제시하고 총선과 동시에 국민투표를 실시하겠다는 로드맵을 국민 앞에 밝혀야 한다. 유권자들은 선거에서 정당만을 선택하는 것이 아니라 '새로운 2030년 체제'를 선택하는 주권자라는 인식을 갖게 될 것이다. 이후 국회에서 개헌안이 통과된다면, 2030년 대선은 새로운 체제에 따른 첫 선거로 치러지며, 그 순간 보수는 '새 헌법 체제의 설계자'로서 역사적 정당성을 확보하게 된다. 결국 개헌을 주도하는 세력이 차기 체제를 주도한다는 말처럼, 보수는 책임 있는 개헌 청사진을 제시함으로써 국가의 미래 설계자로 자리매김해야 한다. 1987년 체제를 넘어 2030년 체제를 만드는 일은 자유민주주의를 온전히 회복하고 한국 사회를 선진·통일 강국으로 도약시키는 국가적·역사적 과제이자 책무이다. 이 새로운 헌정 질서는 자유와 공동체 가치의 조화를 추구하는 공동체자유주의 정신 위에 세워짐으로써 대한민국을 더욱 자유롭고 더욱 통합된 사회로 이끌 초석이 될 것이다.

제6부

대한민국 사명을 위한 다짐

보수의 혁신은 대한민국의 미래를 새롭게 설계하는 역사적 책무이다. 이 장은 새로운 보수가 국민 앞에 제시하는 도덕적 · 정치적 실천 다짐이다.

첫째, 자유와 공동체의 조화이다. 자유는 공동체에 대한 책임과 배려를 통해 성숙하며, 공동체는 개인의 존엄과 자유를 보장할 때 건강해진다. 보수는 경쟁을 존중하되 연대와 상생을 실천해야 한다.

둘째, 정치의 품격과 신뢰 회복이다. 권력 중심의 정치가 아니라 공공선을 위한 정치, 정직과 도덕성을 바탕으로 한 국민 중심의 정치문화를 확립해야 한다.

셋째, 청년과 미래세대를 위한 책임이다. 청년에게 공정한 기회를 보장하고, 교육 · 주거 · 일자리 혁신을 통해 자립과 창의를 국가의 성장 동력으로 삼아야 한다.

넷째, 자강과 동맹의 균형이다. 북한 핵 위협과 국제 질서 변화 속에서 자강 안보와 전략적 동맹강화를 병행하고, 국방 기술

혁신을 추진해야 한다.

다섯째, 시민과 함께하는 실천적 보수이다. 권위적 보수가 아니라 국민의 일상 속에서 공감하고 행동하는 보수로 거듭나야 한다.

이 다짐은 **도덕적 각성과 시대적 책임 위에서 출발한다.** 자유, 공동체, 품격, 미래라는 기둥 위에 국민의 신뢰를 세워갈 때 대한민국의 사명도 완성될 것이다.

마지막 장은 새로운 보수를 위한 실천 전략과 철학적 다짐을 담는다. 이것은 품격 있고 미래지향적인 보수의 가치와 비전을 국민 앞에 드러내는 일이며, 동시에 대한민국의 사명을 완수하기 위한 새로운 정치적 출발점이다. 보수는 이제 과거의 기득권적 이미지와 폐쇄성을 넘어 개혁과 혁신의 길을 통해 스스로 새롭게 거듭나야 한다. 그 길이 곧 대한민국이 다시 바로 서는 길이자, 보수가 국민적 신뢰 속에 재건되는 길이다.

1. 헌법정신의 복원과 공동체자유주의

오늘의 대한민국은 자유민주주의의 작동 원리가 흔들리고 헌정 질서가 근본부터 위협받는 위기 속에 놓여 있다. 지금 이 시대가 요구하는 것은 자유, 민주, 공화의 헌법정신을 다시 세우는 일이며, 그에 대한 응답은 삼권분립이라는 헌정 체제를 복원하고 법치주의를 통해 권력남용과 정치 혼란을 방지하는 데 있다. 이러한 시대적 요청에 부응하기 위해서는 공동체자유주의 정신이 정치와 사회 전반에 깊이 작동해야 한다. 공동체자유주의는 자유를 방임이 아닌 책임의 윤리로, 공동체를 전체주의가 아닌 자율적 상생의 연대로, 법치를 권력의 도구가 아닌 정의와 질서의 수호자로 여기는 실천적 철학이다. 즉, 대한민국이 직면한 제도적 혼란과 가치의 혼돈 속에서 헌법정신의 길을 되찾기 위한 지적 · 도덕적 나침반이 된다.

자유 없는 공동체는 전체주의로 흐르고, 공동체 없는 자유는 방종과 약육강식으로 변질된다. 공동체자유주의는 이 두 극단을 넘어서 자유와 공동체의 조화로운 상생을 지향한다. 개인의 자유는 공동체에 대한 배려를 통해 성숙하며, 공동체는 전체주의적 집단 강제가 아니라 개인의 자유와 존엄을 보장하는 방식으로 실현된다. 자유와 공동체의 균형은 개인의 창의성, 사회적 연대 그리고 국가의 책임이 어우러지는 새로운 문명 질서의 토대를 이룬다.

고(故) 박세일 교수는 **"공동체자유주의는 개혁적 보수와 합리적 진보의 조화가 가능하다"**고 언급했다. 자유주의의 창의성과 인격 존중 위에 공동체의 연대성과 상호부조의 정신을 결합함으로써, 중도와 합리적 진보까지 포용할 수 있는 큰 틀의 통합정신을 강조한 것이다. 이 사상에는 자유의 발전성, 공동체의 도덕성, 국가의 책임이 어우러지는 균형의 철학이 내재되어 있다. 공동체자유주의는 보수가 추구해야 할 품격 있는 윤리이자 국민의 행복과 국가 발전에 의미를 부여하는 이념이다. 국가는 국민이 함께 삶의 목적을 추구하는 운명공동체이다. 따라서 **보수의 목표는 특정 계층의 이해가 아니라 전 국민의 자유와 번영을 동시에 실현하는 데 있다.**

고(故) 박세일 교수는 **"학문을 통한 진리 추구에는 반드시 사회적 실천이 뒤따라야 한다"**고 강조했다. 이러한 신념에 따라 공동체자유주의는 단순한 구호가 아니라, 실사구시(實事求是)의 정신에 입각한 현실적 철학으로 구현되어야 한다. 보수는 이념의 기치를 분명히 하되 현실을 직시하고 국민의 삶을 실질적으로 개선하며 사회의 도덕적 질서를 바로 세우는 창조적 보수주의를 실천해야 한다. 철학이 구체적 정책으로 구현되고, 그 가치가 제도를 통해 올바르게 실현될 때 비로소 국민의 신뢰는 회복될 수 있다.

2. 보수의 사명과 실천 전략

오늘의 보수 위기는 정치의 실패를 넘어 근본적으로는 철학의 실천 부재에서 비롯된 위기다. 철학이 없었던 것이 아니라 그것을 행동으로 옮기지 못한 데서 문제가 시작되었다. 보수가 자기반성과 사상적 갱신 없이 현실 정치에만 매몰될 때, 자유민주주의는 형식만 남은 껍데기로 전락하게 된다. 이제 보수가 맡아야 할 사명은 단순한 정권교체를 넘어 자유민주공화국의 복원과 시대정신의 재정립에 있다. 이 사명을 바로 세울 때 비로소 국민의 신뢰도 회복될 수 있다.

보수는 먼저 스스로를 혁신하는 데 모범을 보여야 한다. 당내 권력 독점이나 계파 갈등이 아니라, 다양성을 포용하고 경쟁자와 공정하게 겨루며 품격 있는 공적 책임의 원칙을 지켜가는 정치문화를 정착시켜야 한다. 정치적 반대를 '적'으로 규정하는 배타주의, 사법의 정치적 악용, 다수결의 절대화는 모두 민주주의를 위협하는 정치적 독재의 전조이다. 보수는 이러한 권력의 일탈을 단호히 거부하고 상호 존중과 절제를 바탕으로 윤리적 지도 세력으로 거듭나야 한다.

보수는 포퓰리즘과 단호히 결별해야 한다. 단기적 인기 영합이나 현금 살포식의 정책은 결국 국가에 대한 신뢰를 훼손하고, 그 부담을 고

스란히 미래세대에 전가하는 무책임한 행위다. 세대 간 형평성과 국가 발전의 지속가능성을 고려한 책임 재정의 원칙을 확립해야 한다. 국가 재정은 현재의 국민 공동체가 함께 관리해야 할 공적 자산이자 미래세대의 삶과 희망을 담보하는 기반이다. 이 원칙이 무너질 때 민주주의에 대한 국민의 신뢰 역시 근본부터 흔들리게 된다. 보수는 자유의 신장을 위한 노력을 멈추지 않으면서도 정의의 실현에 최선을 다해야 한다. 중산층을 중심으로 한 생산적 복지와 건전한 성장 전략을 통해 기회의 사다리를 복원하고 공정이 살아 숨 쉬는 나라를 만들어야 한다. 정치는 권력의 기술이 아니라 국민의 삶을 실질적으로 향상시키는 책임의 예술이어야 한다.

외교안보 분야에서 보수는 자유민주공화라는 헌법 가치를 중심축으로 삼아야 한다. 한미동맹과 국제 규범에 기초하여 북한의 핵 위협과 중국과 러시아의 전체주의적 행태는 단호히 거부하되, 힘에 기반한 평화의 원칙 위에서 전략적 협력을 병행해야 한다. 민족 공조라는 명분 아래 북한의 세습 독재를 미화하거나 핵 공존을 묵인하는 태도는 헌법 정신에 반할 뿐 아니라 국가의 존립 기반을 위협하는 길이다. 선전과 선동으로 포장된 평화는 허상에 지나지 않으며, 그런 평화로는 국제사회의 신뢰와 존경을 결코 얻을 수 없다.

사회 영역에서 **보수는 공동체 가치의 회복과 국민통합을 핵심 전략으로 삼아야 한다.** 양극화와 세대 및 지역갈등을 치유하고 국민 모두가 대한민국 공동체의 일원임을 자긍심으로 느낄 수 있어야 한다. 그 출발점은 교육과 문화의 혁신이다. 고(故) 박세일 교수는 교육과 문화의 선진화를 국가 전략의 중심축으로 제시했다. 창의성과 인성을 갖춘 시민을 양성하고 자유민주주의와 공동체 정신을 학교와 사회교육에서 함께 가르쳐야 한다. 복지는 시혜가 아니라 사람에 대한 투자라는 인식 아래, 사회적 약자가 다시 사회에 기여할 수 있는 선순환 체계를 구축해야 한다. 자율적 시민단체, 지역공동체, 자원봉사 등 풀뿌리 시민사회의 역동성을 되살려야 한다. 또한 범죄, 부패, 특권을 배격하고 공정한 기회와 법치 질서를 확립해야 공동체의 신뢰가 유지된다. 양극화 완화와 약자 보호는 시장의 활력을 살리면서 공정한 분배가 이루어지도록 해야 한다.

경제 분야에서 보수의 목표는 창의와 공정이 조화를 이루는 선진경제의 확립이다. 저성장을 극복하려면 공정한 경쟁과 시장 기능을 활성화하고, 자율과 자유를 기반으로 창조적 기업가 정신이 살아나도록 해야 한다. 고(故) 박세일 교수는 대한민국이 개방과 경쟁, 그리고 도덕적 세계화를 통해 성장과 분배 그리고 환경의 조화를 이루어야 한다고 강조했다. 보수는 이러한 철학에 따라 규제 개혁, 혁신 지원, 자유무역 확대를 적극 추진해야 한다. 기술혁신과 스타트업을 촉진하고, 노동시장의 유연성과 안정성을 조화시켜 일자리와 삶의 질을 함께 향상시켜야 한다. 경제의 궁극적 목적은 국민의 풍요와 행복에 있으며, 보수의 경제관은 단순한 물질적 성장을 넘어 문화적 · 도덕적 정신자본을 함께 중시한다.

통일은 대한민국이 완전한 독립과 건국을 완성하는 역사적 사명이다. 통일은 비용이 아니라 미래세대를 위한 투자이다. 고(故) 박세일 교수는 통일을 세 단계로 제시했다. 첫째, 북한을 국제 규범과 인권을 존중하는 정상 국가로 유도한다. 둘째, 남북 간 경제·사회·문화적 통합을 점진적으로 실현해 경제공동체의 기반을 다진다. 셋째, 자유민주주의와 시장경제 체제로의 완전한 통합을 통해 선진 통일 대한민국을 완성한다. 통일은 단지 제도의 결합이 아니라 한반도 전체를 선진화하고 동북아를 번영으로 이끄는 새로운 국가 창조의 여정이다. 보수는 분단에 안주하려는 태도를 극복하고 국민에게 통일의 비전과 전략을 명확히 제시해야 한다. 통일의 본질은 북한 주민의 인권과 존엄을 회복하는 데 있다. 억압과 빈곤 속에 놓인 북한 동포를 해방하는 것은 대한민국의 마땅한 사명이다. 따라서 자유, 인권, 평화의 원칙 아래 품격 있는 선진 통일국가를 이뤄내야 한다.

지금 대한민국은 AI 혁명, 기후 위기, 미·중 패권 경쟁, 저출산과 양극화 등 복합적 문명 위기에 서 있다. 이 시대를 돌파할 힘은 자유와 공동체의 조화를 추구하는 공동체자유주의의 실천적 리더십에 있다. 보수가 철학적 성찰과 전략적 실천을 통해 새로운 질서를 창조해 나갈 때, 대한민국은 더욱 성숙한 나라로 도약할 수 있다. **국민이 진정으로 바라는 것은 정치의 품격과 도덕의 회복이다.** 따라서 보수의 승리는 정권 획득을 넘어 가치와 철학, 그리고 국민적 신뢰를 회복하는 데 있다. 그 길 위에서 대한민국의 문명사적 사명도 비로소 완성될 것이다.

3. 자유롭고 품격 있는 행동 약속

대한민국을 자유롭고 품격 있는 선진 통일국가로 이끌기 위해, 우리는 다음의 원칙을 행동으로 실천할 것을 국민 앞에 다짐한다. 이 다짐은 특정 진영의 몫이 아니다. 자유와 공동체를 사랑하는 모든 시민이 함께 지켜가야 할 대한민국의 약속이다.

- **우리는 자유민주주의와 법치주의를 지켜낸다.**

어떠한 상황에서도 헌법의 가치를 존중하고, 국민의 자유와 권리를 보호하는 데 앞장선다. 권력남용과 절차 파괴, 다수의 횡포는 단호히 거부하며, 민주주의의 신뢰를 회복하는 길을 흔들림 없이 걸어간다.

- **우리는 국민통합과 공동체 정신을 실천한다.**

분열과 적대의 정치를 넘어서 포용과 상생의 문화로 대한민국을 하나의 공동체로 회복시킨다. 지역과 세대, 계층과 이념을 넘어 국민 모두가 서로의 존엄을 존중하는 사회를 함께 만들어간다.

- **우리는 창조적 혁신과 공정한 기회를 확산한다.**

시장경제의 창의적 에너지를 살리고 규칙과 경쟁이 공정하게 작동하는 질서를 정착시킨다. 미래세대를 위한 교육 개혁과 지속 가능한 성장 그리고 문화적 품격이 어우러지는 새로운 번영의 토대를 구축해

나간다.

• 우리는 평화적 자유 통일의 사명을 완수한다.

힘에 기반한 평화의 원칙을 지키며 북한 주민의 자유와 인권 회복을 위한 국제적 연대를 강화한다. 통일은 분열된 민족의 회복을 넘어 새로운 국가 창조의 과정임을 기억하며 통일된 대한민국을 인류와 세계에 기여하는 나라로 세워갈 것이다.

이제 우리는 과거의 시행착오를 성찰하며 미래를 향한 도약을 결의한다. 대한민국을 진심으로 사랑하는 모든 이들과 함께 우리는 말이 아니라 실천으로 그 진정성을 증명할 것이다. 그 결단과 행동이 이 나라를 다시 일으키는 새로운 희망이 될 것임을 굳게 믿는다.